bhv PRAXIS

**Perfekt visualisieren und planen
mit Microsoft Visio 2010**

Winfried Seimert

bhv PRAXIS
Perfekt visualisieren und planen mit Microsoft Visio 2010

Bibliografische Information Der Deutschen Nationalbibliothek

Die Deutsche Nationalbibliothek verzeichnet diese Publikation in der Deutschen Nationalbibliografie; detaillierte bibliografische Daten sind im Internet über <http://dnb.d-nb.de> abrufbar.

Bei der Herstellung des Werkes haben wir uns zukunftsbewusst für umweltverträgliche und wiederverwertbare Materialien entschieden.

Der Inhalt ist auf elementar chlorfreies Papier gedruckt.

ISBN 978-3-8266-7562-1
1. Auflage 2011

E-Mail: kundenbetreuung@hjr-verlag.de

Telefon: +49 89/2183-7928
Telefax: +49 89/2183-7620

© 2011 bhv, eine Marke der Verlagsgruppe Hüthig Jehle Rehm GmbH
Heidelberg, München, Landsberg, Frechen, Hamburg

Printed in Germany

Lektorat: Steffen Dralle
Korrektorat: Renate Feichter
Satz: Petra Kleinwegen

Inhalt

Einleitung

Sie haben es schon oft gehört: „Ein Bild sagt mehr als tausend Worte." Doch häufig fragt man sich, wie man an ein entsprechendes aussagekräftiges und passendes Schaubild herankommt. Als Besitzer von MS Visio haben Sie die Lösung zur Hand. Dieses leistungsfähige Programm ist ein Zeichenprogramm, mit dem man Abläufe, Prozesse und Strukturen grafisch darstellen und anschaulich präsentieren kann. Gleich, ob Sie ein Flussdiagramm, ein Organigramm, einen Büroplan oder etwas beliebig anderes benötigen. Visio ist genau richtig für Sie, da es Ihnen die Möglichkeit gibt, wichtige Informationen visuell zu veranschaulichen.

Vielleicht machen Sie sich jetzt Sorgen, dass Ihre Zeichenkünste nicht ausreichend sind. Das ist nicht nötig, denn Microsoft verfolgt hier einen anderen Ansatz als bei gewöhnlichen Zeichnungsprogrammen üblich. Das mühsame Erstellen einzelner Symbole oder Grafiken ist oft gar nicht erforderlich, denn man kann auf fix und fertige Komponenten zurückgreifen. Diese fertigen Elemente werden als Shapes bezeichnet, die in thematisch geordneten Vorlagen zusammengefasst sind.

Visio verfügt über eine Reihe von *Vorlagenkategorien*, die wiederum in einzelne Unterkategorien gegliedert sind:

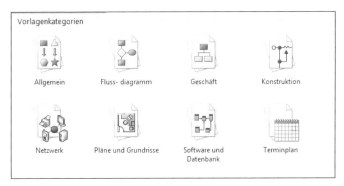

Abb. E.1: Die in MS Visio vorhandenen *Vorlagenkategorien*

Nachdem Sie eine dieser Vorlagen ausgewählt haben, müssen Sie im Prinzip nur noch die Shapes, also die „Muster-Zeichenelemente", aus einer geordneten Sammlung per Drag & Drop auf die Arbeitsfläche befördern und sie anschließend noch ein wenig wunschgemäß anordnen. Wie Sie sehen werden, können diese dabei problemlos in Form, Größe und Gestaltung angepasst, beschriftet, arrangiert und zu logischen Strukturen verbunden werden. Darüber hinaus enthält Visio viele Features, mit denen Sie die Aussagekraft und Flexibilität Ihrer Diagramme verbessern und diese an Ihre Bedürfnisse anpassen können.

Visio wird in drei Varianten ausgeliefert: Standard, Professional und Premium. In diesem Buch werden die beiden ersten Varianten behandelt. Mit Visio Standard können Sie Diagramme für den geschäftlichen Bereich erstellen, z.B. Flussdiagramme, Organigramme und Diagramme für die Projektplanung. Mit Visio Professional können Sie einen Schritt weiter gehen und im technischen Bereich arbeiten. Es umfasst die gleichen Features wie die Standardedition und ermöglicht darüber hinaus die Erstellung von Gebäudeplänen, Softwarediagrammen, Webdiagrammen, Konstruktionsdiagrammen und weiteren technischen Diagrammen. Die Premium-Version bietet darüber hinaus noch Werkzeuge für das Arbeiten mit SharePoint-Vorlagen und diversen Hilfsmitteln. Dieses Buch wurde zwar für die Version 2010 geschrieben, kann aber in vielen Teilen auch für die Vorgängerversion 2007 verwendet werden, da die Unterschiede nicht so elementar sind.

Konzeption des Buches

Dieses Praxisbuch soll Ihnen den Einstieg in das doch recht umfangreiche Programm erleichtern. Es erhebt keinen Anspruch auf Vollständigkeit in der Erläuterung der verfügbaren Funktionalität von Visio. Betrachtet werden nur solche Aspekte, die für die Umsetzung der gängigen Praxisaufgaben benötigt werden.

Zunächst erfahren Sie im Kapitel „Basiswissen" alles Wichtige im Umgang mit dem Programm. In den beiden folgenden Kapiteln „Standarddiagramme" und „Brainstorming" lernen Sie den Umgang mit Shapes kennen und erfahren, wie man mit ihnen effizient arbeitet.

Danach lernen Sie im Kapitel „Flussdiagramm" anhand eines Fluss-diagramms die Grundlagen und den Ablauf beim Erstellen eines Diagramms kennen. Im folgenden Kapitel „Pläne und Grundrisse" sehen Sie, wie Sie rasch Pläne und Grundrisse umsetzen und somit im Vorfeld die Planung besser abstimmen können. Im folgenden Kapitel „Netzwerk: EDV im Büro" erfahren Sie, wie Sie mit Visio die oftmals komplizierte Verkabelung Ihrer EDV regeln können. Schließlich sehen Sie im Kapitel „Geschäft: Organigramm und Termine", wie Sie das Programm mithilfe von Organigrammen und Terminplänen in Ihre geschäftlichen Abläufe einbinden können. Zum Abschluss erfahren Sie im Kapitel „Export: Visio-Zeichnungen vielfältig nutzen", wie Sie Ihre Visio-Zeichnungen in anderen Anwendungen nutzen können und was man beim Drucken und Erstellen von PDFs beachten muss.

MS Visio enthält eine große Anzahl von Vorlagen. Deren Vorstellung in vollem Umfang und in Einzelheiten würde den Umfang des Buches bei Weitem sprengen. Ich habe deshalb versucht, einen Mix aus den gängigsten Diagrammen zu erstellen, der Ihnen die wesentlichsten Schritte und die Arbeitsweise demonstrieren soll. Mit diesem Grundwissen gerüstet, sollten Sie nach der Lektüre in der Lage sein, mittelschwere Zeichnungen zu erstellen, und imstande sein, weiter in die Tiefen des Programms vorzudringen.

1 Basiswissen

Ziele

⇨ Sie mit dem Notwendigsten an Wissen zu versorgen

⇨ Kennenlernen der Vorlagen

⇨ Sicherer Umgang mit häufigen Programmabläufen

⇨ Eigene Zeichnungen erstellen

Schritte zum Erfolg

⇨ Installation von Visio

⇨ Einrichten des Programmpakets

⇨ Visio und dessen Vorlagen näher kennenlernen

⇨ Starten und beenden

⇨ Erste Zeichnungen erstellen und sichern

Mit Visio haben Sie ein umfassendes Hilfsmittel rund um das Illustrieren und Publizieren von Diagrammen und Schemas zur Hand, das nahezu alle Ihre Bedürfnisse für diese Zwecke befriedigen dürfte. Egal, ob Sie ein Diagramm, ein Ablaufschema, einen kleinen Terminkalender erstellen oder Ihren Vortrag visualisieren wollen, das Programm bietet alles, was Sie benötigen.

Visio kennenlernen

Voller Ungeduld werden Sie sicherlich gleich loslegen und die Möglichkeiten von Visio einmal ausprobieren wollen. Also los!

Visio starten

Zunächst klicken Sie auf die *Start*-Schaltfläche in der Taskleiste, wählen dann den Eintrag *Alle Programme,* dort *Microsoft Office* und klicken anschließend auf den Eintrag *Microsoft Visio 2010.*

Abb. 1.1: Microsoft Visio 2010 im Startmenü

Startfenster

Das Programm startet und präsentiert Ihnen sogleich das Startfenster. Damit Sie gleich loslegen können, ist die Registerkarte *Datei* bereits geöffnet und die Schaltfläche *Neu* aktiviert.

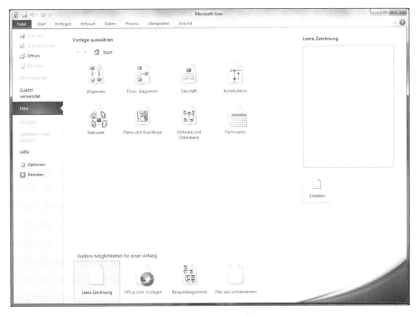

Abb. 1.2: Das Startfenster

Im mittleren Teil des Fensters können Sie nun im Bereich *Vorlage auswählen* auf eine der acht Kategorien von Vorlagen zugreifen.

TIPP

Hatten Sie bereits einmal das Programm gestartet und eine Vorlage ausgewählt, dann finden Sie an oberster Stelle den Bereich *Zuletzt verwendete Vorlagen.*

Im unteren Teil des Fensters finden Sie den Bereich *Weitere Möglich-keiten für den Anfang*. Hier finden Sie den Aufruf zum Erstellen einer leeren Zeichnung und die Zugriffsmöglichkeit weiterer Vorlagen auf den Microsoft-Servern. Interessant dürfte auch die Schaltfläche *Bei-spieldiagramme* sein, die Ihnen einen Einblick in die Möglichkeiten des Programms bietet.

Die Vorlagen

Wie Sie sehen werden, helfen Ihnen die Vorlagen in den allermeisten Fällen weiter.

Wenn Sie auf eine der acht Vorlagen-Schaltflächen klicken, gelangen Sie zu den Vorlagen der betreffenden Sammlung.

Allgemein

Die Vorlagensammlung *Allgemein* enthält Vorlagen, mit denen Sie grafische Präsentationen erstellen oder Ihre Entwürfe besser präsen-tieren können.

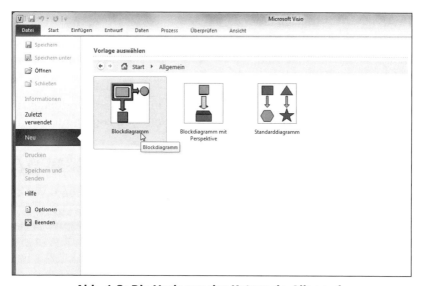

Abb. 1.3: Die Vorlagen der Kategorie *Allgemein*

Wenn Sie auf die einzelne Vorlage klicken, erhalten Sie auf der rechten Seite eine kleine Erklärung, was man mit dieser Vorlage darstellen kann.

In der Kategorie *Allgemein* sind dies:

⇨ *Blockdiagramm:* Die Bezeichnung *Blockdiagramm* rührt von den meist rechteckig gezeichneten Elementen in einem solchen Diagramm her. Diese stellen oft die ideale Lösung dar, um einen einfachen Sachverhalt klar und deutlich zu veranschaulichen.

⇨ *Blockdiagramm mit Perspektive:* Diese Variante bietet zusätzlich einen Fluchtpunkt, der das Diagramm so ausrichtet, dass seine perspektivischen Linien auf den Fluchtpunkt zulaufen.

⇨ *Standarddiagramm:* Wenn Sie eine Zeichnung für eine Planung oder ein Brainstorming herstellen wollen und auf der Suche nach einfachen Zeichenelementen wie Dreiecke, Rechtecke, Quadrate und Pfeile sind, dann werden Sie hier fündig.

Sind Sie innerhalb der Kategorie nicht fündig geworden, dann klicken Sie auf die Schaltfläche *Zurück*, um wieder in die Kategorienansicht zurückzukehren.

Abb. 1.4: *Zurück* **zur Übersicht**

Flussdiagramm

In der Kategorie *Flussdiagramm* finden Sie die Optionen zum Darstellen von Prozessanalysen oder Arbeitsflussdiagramme.

Flussdiagramme werden allgemein für die Veranschaulichung von Programmabläufen eingesetzt.

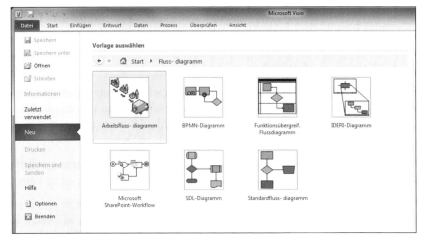

Abb. 1.5: Die Vorlagen der Kategorie *Flussdiagramm*

Im Einzelnen finden Sie:

⇨ *Arbeitsflussdiagramm:* Mit dieser Vorlage können Sie unter anderem Diagramme erstellen, die den Informationsfluss, die Automatisierung oder Optimierung von Geschäftsprozessen, der Buchhaltung, des Managements oder der Personalaufgaben darstellen.

⇨ *BPMN-Diagramm:* Dieses Diagramm hält den „Standard Business Process Modeling Notation" ein.

⇨ *Funktionsübergreifendes Flussdiagramm:* Dieses Diagramm kommt zum Einsatz, wenn das Verhältnis zwischen einem Geschäftsvorgang und den Organisations- oder Funktionseinheiten aufgezeigt werden soll.

⇨ *IDEFO-Diagramm:* Dieses Diagramm kommt bei der Darstellung von Modellkonfigurationsverwaltungen, Kosten- und Nutzenrechnungen, Anforderungsdefinitionen und Modellen für ständige Verbesserung zum Einsatz.

⇨ *Microsoft-SharePoint-Workflow:* Um Workflowdiagramme mit Anmerkungen für Microsoft SharePoint Server 2010 und Microsoft SharePoint Foundation 2010 zu erstellen, verwenden Sie diese Vorlage.

⇨ *SDL-Diagramm:* Mit der Systembeschreibungs- und Spezifikationssprache SDL erstellen Sie objektorientierte Diagramme für (Tele-)Kommunikationssysteme und -netze.

⇨ *Standardflussdiagramm:* Damit erstellen Sie die Klassiker wie Flussdiagramme, Top-down-Diagramme, Diagramme zur Informationsverfolgung, zur Prozessplanung und zur Strukturplanung.

Geschäft

In dieser Kategorie finden Sie zahlreiche Vorlagen, die im geschäftlichen Alltag zum Einsatz kommen. Mit deren Hilfe können Sie Arbeitsabläufe planen und analysieren, Ideen visualisieren und manifestieren oder Geschäftsprozesse erfassen und grafisch darstellen.

Abb. 1.6: Die Vorlagen der Kategorie *Geschäft*

⇨ *Auditdiagramm:* Diese Vorlage erstellt Auditdiagramme für Buchführung, Finanz- und Geldmanagement, Steuercontrolling sowie Entscheidungsflussdiagramme und Diagramme zur Finanzlage.

⇨ *Brainstormingdiagramm:* Wählen Sie diese Vorlage, um Ihre Gedankengänge grafisch darzustellen und somit zur Planung, Problemlösung und Entscheidungsfindung beizutragen.

⇨ *Diagramme:* Bei dieser Vorlage geht es um die Darstellung von Finanz- und Verkaufsberichten, Gewinn- und Verlustaufstellungen, Finanzplänen, statistischen Analysten, Buchhaltungsvorgängen, Marktprognosen und Jahresberichten.

⇨ *EPC-Diagramm:* Mit dieser Vorlage können Sie ereignisgesteuerte Prozesskettendiagramme (Event-driven Process Chain) zur Dokumentation von Geschäftsvorgängen oder SAP-Prozessen erstellen.

⇨ *Fehlerstrukturanalyse-Diagramm:* Möchten Sie Ihre Geschäftsvorgänge mithilfe von Fehlerbaumdiagrammen dokumentieren, dann ist diese Schaltfläche die richtige Wahl.

⇨ *ITIL-Diagramm:* Sollen bewährte Praktiken bei der Veraltung von IT-Serviceprozessen dokumentiert werden, dann können Sie hiermit Diagramme auf dem Standard „Information Technology Infrastructure Library" erstellen.

⇨ *Marketingdiagramme:* Nach Anklicken dieser Schaltfläche können Sie Diagramme rund um das Marketing gestalten. Dazu zählen insbesondere Prozessdiagramme, Benchmarks, Simulationen, Ressourcen- oder Eventualitätsanalysen, Personalplanungsdiagramme, Verkaufspyramiden, Kosten- und Aufgabenmanagement.

⇨ *Organigramm:* Diese Vorlage hilft Ihnen beim Erstellen von Diagrammen für das Personalmanagement, die Mitarbeiterorganisation, die Büroverwaltung oder für Managementstrukturen.

⇨ *Organigramm-Assistent:* Wenn Sie bereits über entsprechende Informationen verfügen, die mit anderen Programmen wie etwa Excel erstellt wurden, dann hilft Ihnen der Assistent beim Import dieser Informationen.

⇨ *Pivotdiagramm:* Geht es um das Erstellen hierarchischer Diagramme, bei denen die Daten gruppiert und summiert werden sollen, dann kommt diese Vorlage zum Einsatz, um sie entsprechend zu visualisieren und analysieren.

⇨ *Six Sigma-Diagramm:* Wenn Fehler in Prozessen besser behebbar gemacht werden sollen, dann erstellt diese Vorlage ein Six-Sigma-Flussdiagramm oder ein House-of-Quality-Diagramm.

⇨ *TQM-Diagramm:* Diagramme, bei denen es um Ursache/Wirkung-, Top-down- und funktionsübergreifende Prozessflussdiagramme zur Optimierung von Geschäftsprozessen, Qualitätsmanagement und fortschreitender Verbesserung geht, werden mit dieser Vorlage erstellt.

⇨ *Ursache/Wirkung-Diagramm:* Dieses Diagramm ist auch unter der Bezeichnung Fischgrät- oder Ishikawa-Diagramm bekannt und ermöglichen die Darstellung von Ursache und Wirkung zur systematischen Untersuchung von möglichen Einflussfaktoren.

⇨ *Wertstromzuordnung:* Damit können Sie Wertstromzuordnungen zum Illustrieren des Material- und Informationsflusses in einem schlanken Produktionsprozess darstellen.

Konstruktion

Diese Vorlagen helfen Ihnen beim Erstellen grafischer Darstellungen von Schaltkreisen, Wartungsdiagrammen oder technischen Zeichnungen.

Als da sind:

⇨ *Elektrotechnik allgemein:* Diese Vorlage dient zur Erstellung schematischer Linien- und Verdrahtungsdiagramme und Pläne.

⇨ *Gas-, Wasser-, Sanitärdiagramm:* Mit dieser Vorlage lassen sich PIDs für Rohrsysteme, Leitungsstützen, Materialverteilung und Flüssigkeitsübertragungssysteme erstellen.

⇨ *Industrielle Steuerungselemente:* Geht es um die Erstellung beschrifteter Diagramme von industriellen Netzsystemen, dann verwenden Sie diese Vorlage.

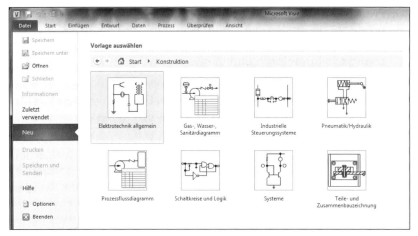

Abb. 1.7: Die Vorlagen der Kategorie *Konstruktion*

⇨ *Pneumatik/Hydraulik:* Mithilfe dieser Vorlage können Sie kommentierte Zeichnungen von pneumatischen und hydraulischen Systemen, Hydrokonstruktionen, Strömungsregelungen, Strömungswegen, Ventilkonstruktionen sowie Hydrogeräten erstellen.

⇨ *Prozessflussdiagramm:* Diese Vorlage hilft beim Erstellen von Prozessflussdiagrammen für Rohrsysteme, Rohrstützen, Material- und Flüssigkeitstransportsystemen.

⇨ *Schaltkreise und Logik:* Die Vorlage dient zum Erstellen beschrifteter Verdrahtungspläne, integrierter Schaltkreise, digitaler und analoger logischer Entwürfe und PCBs (*Printed Circuit Board*, elektronische Leiterplatte).

⇨ *Systeme:* Zur Erstellung beschrifteter elektrischer Skizzen, Wartungs- und Reparaturdiagramme sowie Infrastrukturentwürfe setzen Sie diese Vorlage ein.

⇨ *Teile- und Zusammenbauzeichnungen:* Müssen Sie kommentierte Maschinenbau- und technische Zeichnungen, Diagramme, Pläne und Skizzen für den Entwurf von Werkzeugmaschinen und Maschinenbaugeräten erstellen, dann hilft Ihnen diese Vorlage.

Netzwerk

Die Vorlagen in dieser Kategorie helfen Ihnen bei der Abbildung und Verwaltung von Netzwerken.

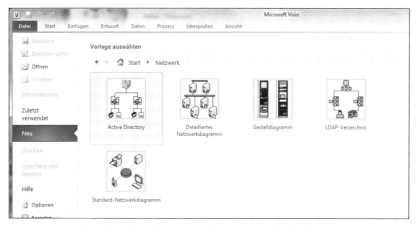

Abb. 1.8: Die Vorlagen der Kategorie *Netzwerk*

An dieser Stelle stehen Ihnen folgende Vorlagen zur Auswahl:

⇨ *Active Directory:* Diese Vorlage ermöglicht die Darstellung von Active-Directory-Dokumentdiensten, also dem Verzeichnisdienst von Microsoft Windows Server.

⇨ *Detailliertes Netzwerkdiagramm:* Geht es um das Erstellen detaillierter physikalischer, logischer und Netzwerkarchitekturdiagramme, dann setzen Sie diese Vorlage ein.

⇨ *Gestelldiagramm:* Zum Entwerfen und Dokumentieren der Gestelle nebst den Netzwerkgeräten verwenden Sie diese Vorlage.

⇨ *LDAP-Verzeichnis:* Mithilfe dieser Vorlage können Sie eine Verzeichnisdienstdokumentation der LDAP-Objekte („Lightweight Directory Access Protocol") darstellen.

⇨ *Standard-Netzwerkdiagramm:* Diese Vorlage verhilft Ihnen zu Diagrammen, die einfache Netzwerkentwürfe und Netzwerkarchitekturen darstellen.

Pläne und Grundrisse

Mit diesen Vorlagen erstellen Sie Pläne von Inneneinrichtungen, Grundstücken, Wegbeschreibungen oder Elektronik- und Sanitärleitungsplänen.

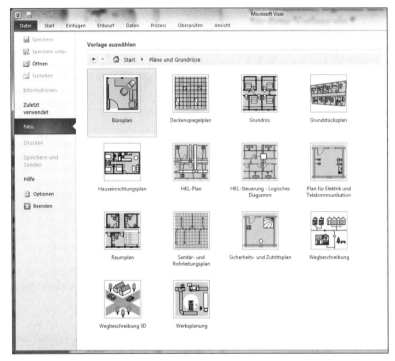

Abb. 1.9: Die Vorlagen der Kategorie *Pläne und Grundrisse*

Im Einzelnen sind dies die Vorlagen für:

⇨ *Büroplan:* Diese Vorlage dient zum Erstellen von Raumdiagrammen, Stockwerksgrundrissen und Entwürfen für Facility- und Umzugsmanagement, Büroeinrichtungs- und Posteninventuren, Büroraumplanungen und Arbeitsbereiche.

⇨ *Deckenspiegelplan:* Für Deckenspiegelung mit Täfelung und Beleuchtung sowie für HKL-Gitter (Heizung, Klima, Lüftung) und Diffusorpläne in gewerblichen Gebäuden verwenden Sie diese Vorlage.

⇨ *Grundriss:* Diese Vorlage kommt bei gewerblichen Gebäude- und Raumplänen, Architekturzeichnungen, Konstruktionsplänen, Strukturdiagrammen und Betriebsanlagenplanungen zum Einsatz.

⇨ *Grundstücksplan:* Bei einer privaten oder kommerziellen Landschaftsgestaltung, Parkplanung, Hofgestaltung, Erstellung von Flurkarten, Planung von Freiland-Erholungsstätten und Bewässerungssystemen verwenden Sie diese Vorlage.

⇨ *Hauseinrichtungsplan:* Geht es um Küchen- und Badpläne, Architektur- und Konstruktionszeichnungen, Raum- und Hauseinrichtungen, Innenarchitektur-, Umbau- und Erweiterungspläne, kommt diese Vorlage zum Einsatz.

⇨ *HKL-Plan:* Kommentierte Pläne für Heizung, Lüftung, Klimaanlagen und Kühlsysteme in automatisierten Gebäude-, Umweltsteuerungs- und Energiesystemen lassen sich mit dieser Vorlage erstellen.

⇨ *HKL-Steuerung – Logisches Diagramm:* Bei dieser Vorlage geht es um das Erstellen von HKL-System- und Steuerungsdiagrammen für Heizung, Belüftung, Klimaanlage, Luftumwälzung, Kühlsysteme, automatisierte Gebäudesteuerungs-, Umweltkontroll- und Energiesysteme.

⇨ *Planung für Elektrik und Telekommunikation:* Die Vorlage hilft bei der Erstellung von Elektro- und Telekommunikationsplänen zu Entwurfs- und Bauzwecken.

⇨ *Raumplan:* Diese Vorlage hilft beim Erstellen von Raumplänen zum Erfassen der Standorte von Personen, Büros und Geräten.

⇨ *Sanitär- und Rohrleitungsplan:* Diese Vorlage ist für kommentierte Pläne oder Schemazeichnungen von Abwasserentsorgungssystemen, Warm-/Kaltwasserversorgungssystemen, Wasserleitungen und Strukturentwicklungen für Sanitärsysteme und Abwassertechnik gedacht.

⇨ *Sicherheits- und Zutrittsplan:* Mithilfe dieser Vorlage können Sie Sicherheitssteuerungssysteme, Sicherheitssysteme (intern und extern) entwerfen.

⇨ *Wegbeschreibung:* Diese Vorlage hilft bei Umsetzung der grafischen Darstellung der Wege des Transports und des Massenverkehrs.

⇨ *Wegbeschreibung 3D:* Damit lassen sich dreidimensionale Darstellungen anlegen.

⇨ *Werksplanung:* Diese Vorlage visualisiert die Werkspläne für Produktion, Lagerung, Verteilung, Transport, Versand und Annahme von Waren.

Software und Datenbank

In dieser Kategorie finden Sie die Vorlagen für die Planung und schematische Darstellung von Software, Datenbanken und Webseiten.

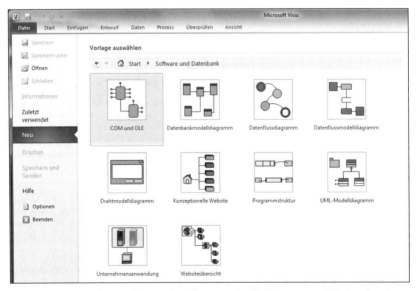

Abb. 1.10: Die Vorlagen der Kategorie *Software und Datenbank*

Im Einzelnen sind das die Vorlagen für:

⇨ *COM und OLE:* Mit dieser Vorlage können Sie COM- und OLE-Diagramme der objektorientierten Programmierung erstellen.

⇨ *Datenbankmodelldiagramm:* Damit erstellen Sie Diagramme für Dokument- und Entwurfsdatenbanken, die IDEF1X und relationale Notationen verwenden.

⇨ *Datenflussdiagramm:* Wenn Sie Diagramme für Strukturanalysen, Informationsflüsse, Prozessorientierung, Datenorientierung und Datenverarbeitung erstellen müssen, finden Sie in dieser Vorlage alles Notwendige.

⇨ *Datenflussmodelldiagramm:* Datenflussdiagramme, die der „Gane-Sarson-(DFD)-Notation" entsprechen, erstellen Sie mit dieser Vorlage.

⇨ *Drahtmodelldiagramm:* Geht es um die Erstellung von Drahtmodelldiagrammen mit mittlerer Genauigkeit für die Prototyperstellung und das Entwerfen von Softwareanwendungen, kommt diese Vorlage zur Anwendung.

⇨ *Konzeptionelle Website:* Für konzeptionelle Diagramme und komplexe Architekturen von Homepages, Websites und Hypertextdokumenten verwenden Sie diese Vorlage.

⇨ *Programmstruktur:* Möchten Sie Strukturdiagramme, Flussdiagramme oder Speicherdiagramme erstellen, dann nehmen Sie diese Vorlage.

⇨ *UML-Modelldiagramm:* Diese Vorlage verwenden Sie, wenn Sie UML-Modelle (Unified Modeling Language) und Diagramme für statische Struktur, Anwendungsfall, Zusammenarbeit, Sequenz, Komponente, Ressourcenplanung, Aktivität oder Zustand erstellen wollen.

⇨ *Unternehmensanwendung:* Diagramme zur Unternehmensarchitektur erstellt man mithilfe dieser Vorlage.

⇨ *Websiteübersicht:* Diese Vorlage erstellt eine Websiteübersicht für Ihre Website.

Terminplan

Die letzte Kategorie bietet eine Reihe von Vorlagen zur Erstellung von Zeitplänen und Kalendern.

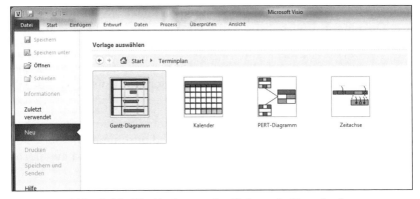

Abb. 1.11: Die Vorlagen der Kategorie *Terminplan*

⇨ *Gantt-Diagramm*: Diese Vorlage hilft beim Erstellen von Gantt-Diagrammen für das Projektmanagement, die Aufgabensteuerung, Terminpläne, Stunden- und Tagespläne, Projektlebenszyklen sowie Zielsetzungen.

⇨ *Kalender*: Mithilfe dieser Vorlage erstellen und formatieren Sie Kalender für Tage, Wochen, Monate und Jahre.

⇨ *PERT-Diagramm*: Geht es um das Erstellen von PERT-Diagrammen für Projekt- oder Aufgabenmanagement, Terminplänen, Stunden- und Tagesplänen, Projektstrukturplänen, Projektlebenszyklen, Zielsetzungen und Zeitplänen, kommt diese Vorlage zum Einsatz.

⇨ *Zeitachse*: Diese Vorlage ermöglicht das Darstellen von linearen Zeitachsen mit Meilensteinen und Intervallmarkern.

Arbeiten mit Zeichnungen

Wie Sie gesehen haben, stellt Visio eine Menge von verschiedenen Vorlagen zur Verfügung. Diese beinhalten wiederum *Schablonen* und grafische Objekte, sogenannte *Shapes*, mit denen Sie die gewünschte Zeichnung erstellen.

Wie Sie gleich sehen werden, ist damit eine Zeichnung rasch erstellt.

Wählen Sie zunächst die Kategorie, deren Bereich die zukünftige Zeichnung zuzuordnen ist.

Anschließend wählen Sie die gewünschte Vorlage aus und klicken auf der rechten Seite auf die Schaltfläche *Erstellen*.

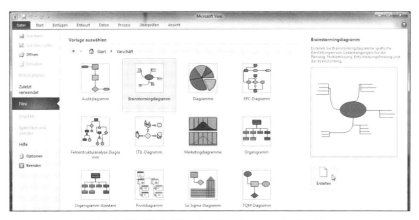

Abb. 1.12: Sich für eine Vorlage entscheiden

Das Anwendungsfenster

Die Vorlage wird geöffnet und Sie gelangen in das Anwendungsfenster von Visio, in dem die Zeichnungen erstellt werden.

Wie Sie sehen, handelt es sich um ein typisches Office-Fenster.

Am oberen Rand befindet sich das sogenannte *Menüband*, über das sich alle Befehle von Visio aufrufen lassen. Dieses ist in verschiedene Registerkarten unterteilt, in denen die Befehle thematisch in Gruppen zusammengefasst sind.

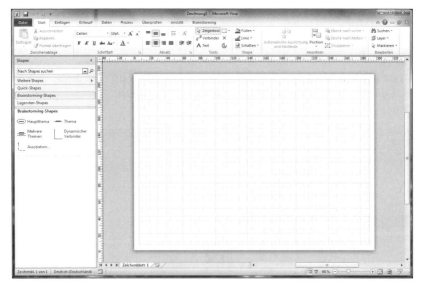

Abb. 1.13: Das Arbeitsfenster von Visio

Aufgabenbereich „Shapes"

Auf der linken Seite befindet sich der Aufgabenbereich, in dem das *Shapes*-Fenster angezeigt wird. Dieses zeigt die gerade geöffnete Schablone mit den entsprechenden *Shapes*. Dabei handelt es sich um vorgefertigte Zeichenobjekte, mit denen Sie die einzelnen Zeichnungen erstellen.

TIPP

Den Aufgabenbereich *Shapes* können Sie über den kleinen Pfeil in der Titelleiste ein- und wieder ausblenden.

Je nach Vorlage beherbergt dieses Fenster eine Reihe von Shapes. Diese sind zudem in verschiedenen Gruppen, den sogenannten Schablonen, sortiert, damit man schneller darauf zugreifen kann. Möchten Sie die Shapes einer anderen Gruppe einsehen, so klicken Sie einfach auf die Titelleiste der jeweiligen Gruppe.

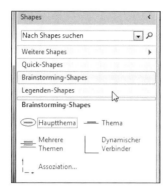

Abb. 1.14: Das Fenster *Shapes* mit den einzelnen Shapes

Die einzelnen Schablonen können an jede beliebige Stelle im Anwendungsfenster verschoben werden. Dazu ziehen Sie es einfach mit gedrückter Maustaste an der Titelleiste an die gewünschte Stelle.

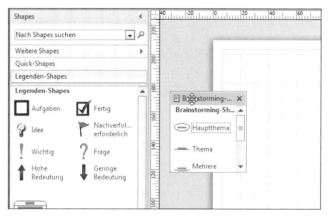

Abb. 1.15: Eine Schablone verschieben

Um eine getrennte Schablone wieder in den Aufgabenbereich einzufügen, genügt es, diese anschließend wieder an die ursprüngliche Stelle zu ziehen.

Die Darstellung der Shapes können Sie ändern, indem Sie mit der rechten Maustaste auf die Titelleiste der Schablone klicken und im Kontextmenü die Menübefehlsfolge *Ansicht* und dann die gewünschte Form auswählen.

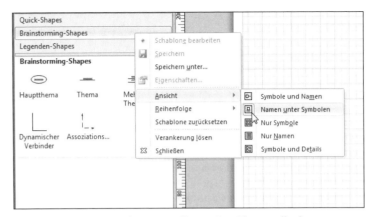

Abb. 1.16: Die Darstellung der Shapes ändern

Möchten Sie weitere Schablonen anzeigen bzw. haben Sie mal eine aus Versehen geschlossen, dann klicken Sie auf der Titelleiste *Weitere Shapes* auf den kleinen Pfeil am rechten Rand und wählen aus dem folgenden Menü die gewünschte Schablone aus.

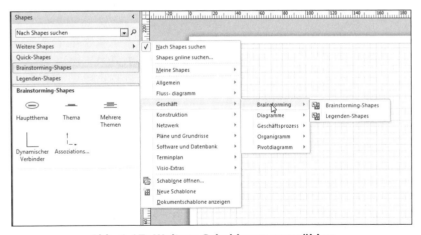

Abb. 1.17: Weitere Schablonen auswählen

Manche Schablonen enthalten sehr viele Shapes. Zur besseren Übersicht werden bei diesen die am häufigsten benutzten Zeichenelemente im oberen Bereich der Schablone platziert und durch eine dünne Linie von den anderen getrennt.

Dieser Bereich ist hervorragend dazu geeignet, projektbezogen die Zeichenelemente zusammenzufassen, die man häufig benötigt.

Dazu ziehen Sie einfach das betreffende Shape aus dem unteren in den oberen Bereich.

Abb. 1.18: Ein Shape in den Quick-Shape-Bereich ziehen

Raschen Zugriff haben Sie dann über die Schablone *Quick-Shapes*, die lediglich alle diese häufig verwendeten Zeichenelemente anzeigt.

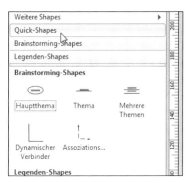

Abb. 1.19: Schnell die *Quick-Shapes* einsehen

Zeichenblatt

Von zentraler Bedeutung ist das Zeichenblatt, auf dem die Zeichnungen erstellt werden. Wie Sie sehen, wird es mit einem Raster angezeigt. Dieses erleichtert das exakte Positionieren der Zeichenobjekte und kann problemlos an Ihre Wünsche angepasst werden.

Möchten Sie dieses Gitternetz ausblenden, dann deaktivieren Sie auf der Registerkarte *Ansicht* in der Gruppe *Anzeigen* das Kontrollkästchen *Gitternetz*.

Im Regelfall werden Sie die Zeichenblattgröße an die neue Zeichnung anpassen.

Hierzu können Sie beispielsweise die *Ausrichtung* auf das *Querformat* umstellen. Die benötigte Schaltfläche finden Sie auf der Registerkarte *Entwurf* in der Gruppe *Seite einrichten*.

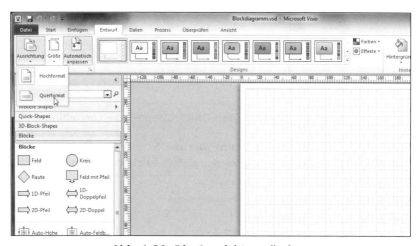

Abb. 1.20: Die *Ausrichtung* ändern

Die Größe der Zeichenfläche selbst können Sie mithilfe der Schaltfläche *Größe* ändern.

Sie können entweder die *Größe an die Zeichnung anpassen* oder die Optionen für *Weitere Zeichenblattformate* aufrufen.

Abb. 1.21: Die Zeichenblattformate aufrufen

Im folgenden Dialogfenster können Sie die Zeichenblattgröße auf dreierlei Weise festlegen:

⇨ Sie belassen im Dialogfenster *Seite einrichten* die Option *Zeichenblatt von Visio nach Bedarf erweitern lassen*. Dann ist es kein Problem, wenn Sie zu einem späteren Zeitpunkt feststellen, dass die Blattgröße nicht ausreicht. Wenn Sie bei dieser Option ein Shape außerhalb des gegenwärtigen Zeichenbereiches ziehen, dann wird automatisch eine neue Seite hinzugefügt.

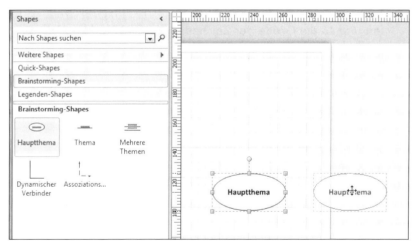

Abb. 1.22: Das Zeichenblatt erweitern

⇨ Entscheiden Sie sich für die Option *Vordefinierte Größe*, dann können Sie aus einer Liste von Formaten die gewünschte Größe einfach auswählen und das Zeichenblatt nimmt die entsprechenden Ausmaße ein.

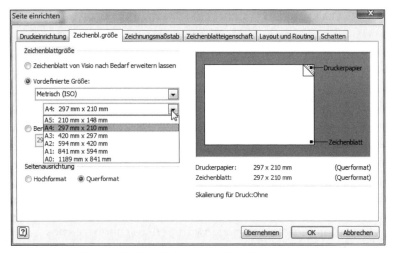

Abb. 1.23: Die Zeichenblattgröße anpassen

⇨ Schließlich können Sie die Option *Benutzerdefinierte Größe* wählen und so die Größe der Zeichenfläche exakt auf Ihre Wunschmaße festlegen.

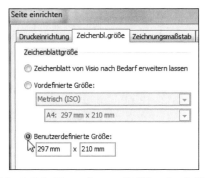

Abb. 1.24: Eine eigene Größe einstellen

In allen drei Fällen verlassen Sie das Dialogfenster mit *OK*.

Blattregister

Da eine Visio-Zeichnung durchaus aus mehreren Blättern bestehen kann, befindet sich am unteren Rand ein *Blattregister*.

Wenn Sie auf die Schaltfläche *Zeichenblatt einfügen* klicken, wird dementsprechend ein weiteres Zeichenblatt eingefügt.

Abb. 1.25: Ein weiteres *Zeichenblatt einfügen*

Haben Sie so mehrere Blätter eingefügt, dann helfen Ihnen die Schaltflächen vor dem ersten Zeichenblatt, sich rasch durch die einzelnen Blätter zu bewegen.

Dazu müssen Sie lediglich auf das betreffende Zeichenblatt klicken, um es zu aktivieren.

 TIPP

Ein überflüssiges Zeichenblatt löschen Sie durch Auswahl des Kontextmenüpunktes *Löschen*.

Die Zeichenblätter können Sie nach Belieben umbenennen. Dazu klicken Sie einfach doppelt auf das entsprechende Register, überschreiben die vorhandene Bezeichnung und schließen Ihre Eingabe mit ⌐ ab.

Abb. 1.26: Ein Blattregister umbenennen

Sie können die Zeichenblätter auch mit gedrückter Maustaste umordnen, indem Sie diese an eine neue Stelle ziehen. Alternativ können Sie diese Aktion auch über das Kontextmenü des Blattregisters vornehmen, wenn Sie dort den Menüpunkt *Zeichenblätter neu anordnen* wählen.

Statusleiste

In der Statusleiste, welche den Abschluss des Fensters bildet, erhalten Sie auf der linken Seite wichtige Informationen zum Programmstatus und aktuell markierten Zeichenobjekt.

Abb. 1.27: Wichtige Informationen in der Statusleiste

Zoomsteuerung

Auf der rechten Seite finden Sie zudem die Zoomsteuerung mit der Sie die Vergrößerungsstufe einstellen können. Möchten Sie das Zeichenblatt optimal in das aktuelle Fenster einpassen, dann klicken Sie auf die Schaltfläche neben dem Pluszeichen.

Abb. 1.28: Verhilft zum Durchblick

Wenn Sie die Strg-Taste gedrückt halten und das Mausrad bewegen, können Sie gleichfalls ein- und auszoomen.

Verschieben und Zoom

Visio verfügt über einen eigenen Aufgabenbereich mit der Bezeichnung *Verschieben und Zoomen*. Wie dessen Name schon aussagt, können Sie damit auch bei größeren Zeichnungen den Überblick behalten.

Am schnellsten blenden Sie den Aufgabenbereich über die Schaltfläche ‚*Verschieben und Zoom‘-Fenster* in der Statusleiste ein. Sie befindet sich direkt neben den Zoomreglern.

Abb. 1.29: Den Aufgabenbereich einblenden

Alternativ können Sie ihn auch über die Schaltfläche *Aufgabenbereich* aus der Gruppe *Anzeigen* der Registerkarte *Ansicht* einblenden.

In dem erscheinenden Fenster ziehen Sie mit der Maus einen Rahmen auf, der den gewünschten Ausschnitt darstellen soll.

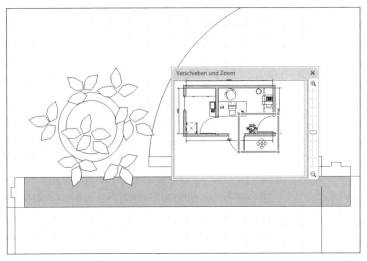

Abb. 1.30: Den Überblick bewahren mit dem Aufgabenbereich
Verschieben und Zoom

Basiswissen

Möchten Sie den Rahmen verschieben, dann zeigen Sie mit dem Cursor innerhalb desselben und ziehen ihn mit gedrückter Maustaste an die gewünschte Stelle.

Um den Rahmen zu vergrößern oder zu verkleinern, passen Sie ihn entweder über die quadratischen Anfasser an oder Sie ziehen den Regler auf der rechten Seite in die entsprechende Richtung.

Zeichnung speichern

Um eine Zeichnung zu speichern, gehen Sie wie gewohnt vor: Klicken Sie auf die Registerkarte *Datei* und wählen Sie den Menüpunkt *Speichern* aus.

TIPP

Alternativ können Sie auch in der Schnellstartleiste auf das Symbol *Speichern* klicken oder die Tastenkombination ⌨Strg + ⌨S verwenden.

Sie erhalten das Dialogfenster *Speichern*, in dem Sie den Speicherort und den Dateinamen festlegen, bevor Sie mit einem Klick auf die Schaltfläche *Speichern* den Vorgang beenden.

Zuletzt verwendete Zeichnungen öffnen

Eine bereits einmal geöffnete Zeichnung können Sie mithilfe einer Option der Registerkarte *Datei* schnell wieder öffnen.

Dort finden Sie den Menüeintrag *Zuletzt verwendet*, der den Bereich *Zuletzt verwendete Dokumente* anzeigt.

In diesem Bereich finden Sie – sofern vorhanden – die zuletzt geöffneten zwölf Zeichnungen angezeigt.

Um sie zu öffnen, genügt ein einfacher Klick auf den entsprechenden Eintrag.

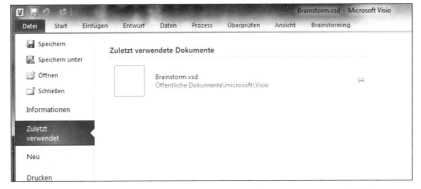

Abb. 1.31: Die zuletzt verwendeten Dokumente erneut öffnen

 TIPP

Soll ein bestimmtes Dokument stets in dieser Ansicht zur Verfügung stehen, dann klicken Sie auf die kleine Pinnadel rechts neben der Bezeichnung der Zeichnung.

Zeichnung schließen

Möchten Sie lediglich eine Zeichnung schließen, ohne das Programm zu beenden, dann klicken Sie auf das Feld *Fenster schließen*.

Abb. 1.32: Eine Zeichnung schließen

Alternativ können Sie auch über die Registerkarte *Datei* gehen und dort den Menüpunkt *Schließen* auswählen oder – noch rascher – die Tastenkombination ⌨Strg⌨ + ⌨W⌨ verwenden.

Visio beenden

Das Programm beenden Sie über die Schaltfläche *Schließen* oder mithilfe der Tastenkombination ⌨Alt⌨ + ⌨F4⌨.

2 Standarddiagramme

Ziele

⇨ Einfache Diagramme erstellen

⇨ Arbeitsweise von Shapes verstehen

⇨ Shapes nach eigenen Wünschen und Vorstellungen gestalten

Schritte zum Erfolg

⇨ Grundlegendes Arbeiten mit Shapes

⇨ Shapes miteinander verbinden

⇨ Shapes formatieren

In diesem Kapitel erfahren Sie, wie man Zeichnungen mit Visio erstellt.

Klicken Sie zunächst auf die Registerkarte *Datei* und wählen Sie das Menü *Neu* aus. In der Liste der Vorlagenkategorien klicken Sie auf *Allgemein*, um diese Vorlagen einzusehen. Dort angekommen, wählen Sie die Vorlage *Standarddiagramm* aus und schließen den Vorgang mit einem Klick auf die Schaltfläche *Erstellen* ab.

Speichern Sie die Zeichnung nach Auswahl der Registerkarte *Datei* und des Menüpunktes *Speichern* unter der Bezeichnung Standarddiagramm ab.

Jetzt kann es an die Zeichnung gehen.

Arbeiten mit Shapes

Shapes, also fix und fertige Zeichenvorlagen, ermöglichen Ihnen, rasch eine Zeichnung zu erstellen.

Wie Sie sehen, hat Visio gleich auf der linken Seite den Aufgabenbereich *Shapes* geöffnet und zeigt Ihnen die im Moment zur Verfügung stehenden Schablonen.

Eine andere als die gegenwärtig angezeigte Schablone wählen Sie durch einen einfachen Klick auf die entsprechende Titelleiste.

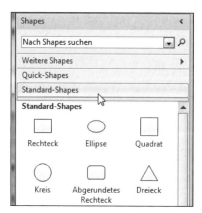

Abb. 2.1: Die zur Verfügung stehenden Schablonen

Shapes einfügen

Die hier abgebildeten Zeichenobjekte können Sie in Ihren Zeichnungen verwenden.

Zeigen Sie dazu mit dem Mauszeiger auf das gewünschte Shape und ziehen Sie es mit gedrückter Maustaste auf das Zeichenblatt.

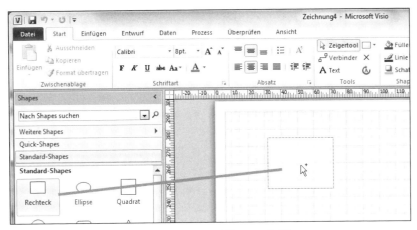

Abb. 2.2: Das erste Shape einfügen

Nachdem Sie die Maustaste losgelassen haben, ist das Shape an der betreffenden Stelle platziert.

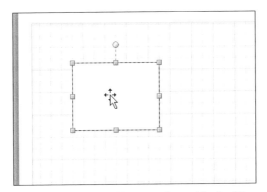

Abb. 2.3: Das eingefügte und markierte Shape

Gleichzeitig werden die Anfasser und der Drehpunkt angezeigt, sodass Sie sofort mit dem Bearbeiten beginnen können.

Shapes bearbeiten

Die einzelnen Shapes lassen sich auf vielfältige Weise bearbeiten und Ihren Vorstellungen anpassen.

Shapes verschieben

Möchten Sie das Shape an eine andere Position befördern, dann klicken Sie mit der Maus darauf und ziehen es mit gedrückter Maustaste an die neue Stelle.

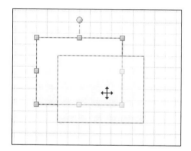

Abb. 2.4: Ein Shape verschieben

Betätigen Sie während des Verschiebens die Strg-Taste, dann wird das Shape lediglich horizontal oder vertikal verschoben.

TIPP

Möchten Sie das Shape exakt ausrichten, dann verwenden Sie zum Verschieben die Cursortasten.

Shapes entfernen

Soll ein Shape entfernt werden, dann betätigen Sie nach dem Markieren die Entf-Taste.

Shapes markieren

Wenn Sie ein Shape markieren wollen, sollte in der Gruppe *Tools* (Registerkarte *Start*) das Symbol *Zeigertool* aktiviert sein.

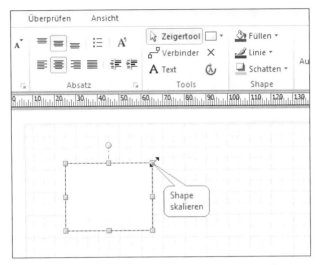

Abb. 2.5: Markieren mit dem *Zeigertool*

Wie Sie sehen, wird das Shape durch Anklicken mit diesem Werkzeug mit einem blauen gestrichelten Rahmen versehen. Ferner werden die Anfass- und Skalierungspunkte, der Drehpunkt und – je nach gewähltem Shape – auch Änderungsrauten eingeblendet.

Mehrere Shapes markieren Sie dadurch, dass Sie mit der Maus einen Auswahlrahmen um die zu markierenden Shapes ziehen.

Alternativ können Sie die betreffenden Shapes aber auch nacheinander mit gedrückter ⇧-Taste anklicken.

In diesem Fall werden die einzelnen Shapes mit einem magentafarbenen Rahmen versehen, der bei dem zuerst angeklickten Shape etwas dicker gehalten ist. Zusätzlich werden alle markierten Shapes von dem blauen Markierungsrahmen umfasst.

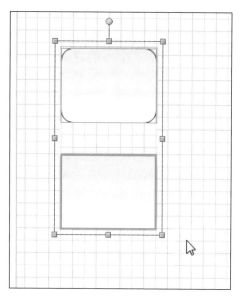

Abb. 2.6: Mehrere Shapes markieren

Shapes ausrichten

Sicherlich haben Sie beim Einfügen der Shapes bemerkt, dass diese an dem Gitter ausgerichtet werden.

Ziehkraft einstellen

Wenn Sie einmal die Funktion der Ziehkraft genauer betrachten oder gar ändern wollen, dann klicken Sie auf den Gruppenpfeil der Gruppe *Visuelle Unterstützung*, die Sie auf der Registerkarte *Ansicht* finden.

In diesem Dialogfenster können Sie die entsprechenden Optionen aktivieren oder deaktivieren.

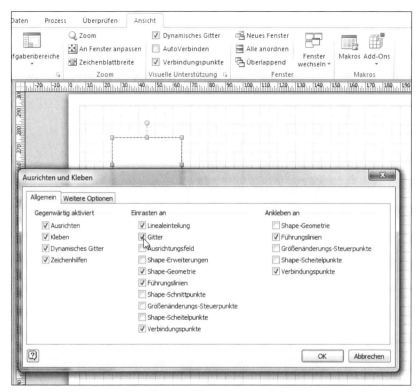

Abb. 2.7: Die Ausrichtungs- und Klebeoptionen

> **TIPP** ⚠️
>
> Auf der Registerkarte *Weitere Optionen* finden Sie die Regler zum
> Einstellen der Ziehkraft beim Einrasten. Diese ermöglichen Ihnen,
> die Werte des Einzugsbereichs zu erhöhen oder zu verringern.

Shapes am Nullpunkt ausrichten

Wenn die Shapes exakt ausgerichtet werden sollen, dann begeben
Sie sich in den Aufgabenbereich *Größe und Position*.

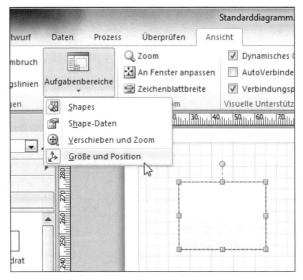

Abb. 2.8: Den Aufgabenbereich *Größe und Position* aktivieren

Nachdem Sie ihn aufgerufen haben, wird auf der rechten Seite des Zeichenblattes der Aufgabenbereich in ausgeblendeter Form angezeigt.

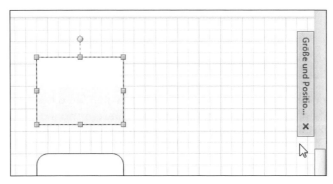

Abb. 2.9: Der ausgeblendete Aufgabenbereich

Zeigen Sie mit der Maus auf die Titelleiste des Aufgabenbereichs, sodass er eingeblendet wird.

Abb. 2.10: Jetzt ist der Aufgabenbereich komplett sichtbar

TIPP

Diesen Aufgabenbereich können Sie – wie alle – über die Titelleiste einfach an eine andere Stelle verschieben. Wenn er ständig sichtbar sein soll, dann klicken Sie auf das Pin-Symbol (*Funktion AutoAusblenden deaktivieren*).

Wie Sie sehen, können Sie nun über das Feld X bzw. Y die genaue Position auf dem Zeichenblatt eingeben.

Dabei gilt es allerdings, auf den Nullpunkt des Lineals zu achten. Dieser liegt standardmäßig im Mittelpunkt der linken unteren Ecke des Zeichenblattes.

Oftmals ist es einfacher, diesen auf das Gitternetz oder das Hauptobjekt auszurichten.

In diesem Fall zeigen Sie auf den Schnittpunkt der beiden Lineale. Nachdem der Mauszeiger seine Form verändert hat, drücken Sie die `Strg`-Taste und ziehen nun das Koordinatenkreuz an die gewünschte Stelle.

TIPP

Den Nullpunkt setzen Sie mit einem Doppelklick auf den Schnittpunkt der beiden Lineale wieder zurück.

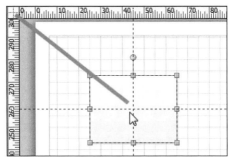

Abb. 2.11: Den Nullpunkt auf den Mittelpunkt eines Objekts ausrichten

Nun können Sie das Objekt über die Felder des Arbeitsbereichs ausrichten.

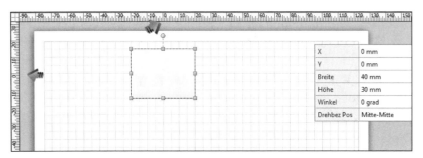

X	0 mm
Y	0 mm
Breite	40 mm
Höhe	30 mm
Winkel	0 grad
Drehbez Pos	Mitte-Mitte

Abb. 2.12: Das ausgerichtete Objekt

Shapes mithilfe von Führungslinien ausrichten

Shapes lassen sich auch an Führungslinien ausrichten.

Um eine solche Führungslinie zu erstellen, zeigen Sie auf das horizontale oder vertikale Lineal und ziehen mit gedrückter Maus an die Stelle, an der die Führungslinie platziert werden soll.

TIPP

Die Führungslinien können Sie exakt mithilfe der Felder des Aufgabenbereichs *Größe und Position* ausrichten.

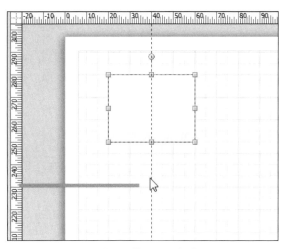

Abb. 2.13: Eine Führungslinie anlegen

Wenn Sie jetzt mit dem Zeigertool auf das Shape klicken und es ein wenig mit gedrückter Maustaste bewegen, werden Sie beim Überstreichen der Linie in der Mitte des Objekts ein kleines rotes Quadrat ausmachen.

Wie Sie der *QuickInfo* entnehmen können, handelt es sich dabei um den Punkt, an dem das Shape an die Führungslinie geklebt wird.

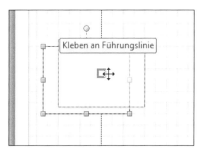

Abb. 2.14: Ein Shape an die Führungslinie kleben

Lassen Sie an dieser Stelle die Maustaste los, so werden die entsprechenden Anfasser mit der Linie verklebt und in roter Farbe dargestellt.

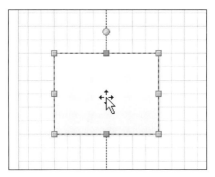

Abb. 2.15: Die angeklebten Anfasser

Führungslinien, die Sie nicht mehr benötigen, ziehen Sie einfach aus dem Zeichenblatt heraus oder betätigen, nachdem Sie diese markiert haben, die Entf-Taste.

Shapes verändern

Wie Sie sich sicherlich schon gedacht haben, können Sie die Größe und die Form der Shapes mithilfe des Aufgabenbereichs *Größe und Position* anpassen.

Dazu klicken Sie in das betreffende Feld, tragen den gewünschten Wert ein und betätigen am besten die ⇥-Taste, damit der Wert übernommen wird.

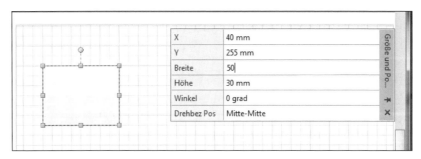

Abb. 2.16: Ein Shape anpassen

Die Shapes lassen sich aber auch intuitiv anpassen.

Zeigen Sie einfach auf einen der Anfasspunkte und ziehen Sie mit gedrückter Maustaste nach innen, wenn die Form kleiner, und nach außen, wenn sie größer werden soll.

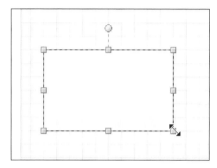

Abb. 2.17: Eine Form anpassen

Dabei gilt für Standard-Shapes folgende Grundregel: Ziehen an den Eckpunkten, verändert sich das Shape proportional, ziehen Sie dagegen an den seitlichen Anfassern, dann ändert sich nur die Breite oder die Höhe. Manche Shapes, wie beispielsweise Bilderschriftzeichen, können nur proportional verändert werden.

Einige Shapes verfügen über sogenannte Kontrollpunkte, die man anhand ihrer Form, kleine gelbe Rauten, gut ausmachen kann.

Um die Form des Shapes zu ändern, zeigen Sie mit dem Mauspfeil auf diesen Punkt. Wenn der Mauszeiger dann die Form eines kleinen Kreuzes annimmt, ziehen Sie den Kontrollpunkt einfach mit gedrückter Maustaste in eine beliebige Richtung.

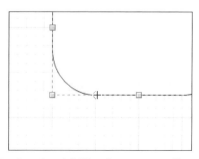

Abb. 2.18: Ein Rechteck mithilfe eines Kontrollpunktes verändern

Shapes drehen und kippen

Wenn Sie auf den Drehpunkt eines Shapes zeigen, verändert der Mauszeiger seine Form und Sie können dieses nun mit gedrückter Maustaste in 10°-Schritten um den Mittelpunkt drehen.

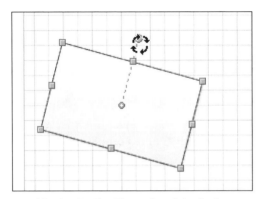

Abb. 2.19: Ein Shape intuitiv drehen

Ziehen Sie den Mauszeiger von dem Drehpunkt weg, werden diese Schritte kleiner.

TIPP

Falls Sie einen exakten Winkel benötigen, geben Sie diesen in das Feld *Winkel* im Aufgabenbereich *Größe und Position* ein.

Eine weitere Möglichkeit, ein Objekt zu drehen, finden Sie im Untermenü *Shapes drehen*, welches Sie nach Anklicken der Schaltfläche *Position* in der Gruppe *Anordnung* auf der Registerkarte *Start* finden.

Wie Sie sehen, können Sie über die ersten beiden Menüpunkte dem Shape rasch zu einer Rechts- oder Linksdrehung um 90° verhelfen.

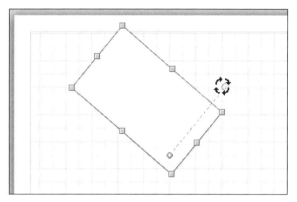

Abb. 2.20: Die weiteren Optionen

Darüber hinaus finden Sie an dieser Stelle die Optionen zum *Vertikal kippen* und zum *Horizontal kippen*.

Beim Drehen wird standardmäßig der Mittelpunkt des Objekts als Bezugspunkt verwendet.

Diesen können Sie verändern, indem Sie zunächst auf den Drehpunkt klicken. Wie Sie sehen, erscheint dadurch eine gestrichelte Linie, die zum Mittelpunkt weist. Bewegen Sie nun den Mauszeiger auf den Mittelpunkt der Drehung und verschieben Sie diesen mit gedrückter Maustaste an die gewünschte Stelle.

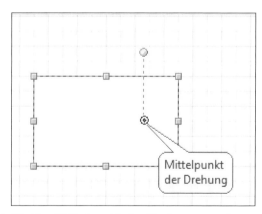

Abb. 2.21: Der Mittelpunkt der Drehung wurde versetzen

Die Drehung erfolgt nun um diesen neu gesetzten Punkt.

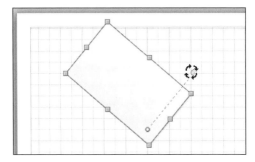

Abb. 2.22: Drehen mit versetztem Mittelpunkt

Shapes verbinden

Die allermeisten Shapes stehen in Verbindung mit anderen. Diese Beziehungen werden durch optische Verbindungen, den sogenannten Verbindern, grafisch dargestellt.

Kleben an Verbindungspunkten

Dabei handelt es sich um Shapes, die mit dem Anfangs- bzw. Endpunkt an den jeweiligen Beziehungsshape angedockt werden (man spricht von *Kleben*). Das Einrasten geschieht dabei an den vorgegebenen Verbindungspunkten.

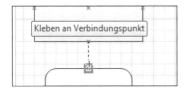

Abb. 2.23: Ein Verbinder ist an einem Verbindungspunkt eingerastet

Das Verkleben bewirkt, dass beim Verschieben der Verbund der Shapes aufrechterhalten bleibt. Zudem verändert der Verbinder beim

Verschieben seine Form und Länge und passt sich dementsprechend an.

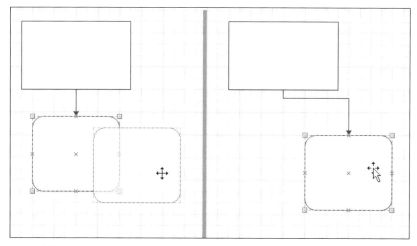

Abb. 2.24: Beim Verschieben bleibt die Verbindung bestehen

Die Klebepunkte werden über das Dialogfenster *Ausrichten und Kleben* festgelegt, das Sie durch Anklicken des Gruppenpfeils *Visuelle Unterstützung* (Registerkarte *Ansicht*) erhalten.

Wie Sie sehen, sind die Kontrollkästchen *Führungslinien* und *Verbindungspunkte* standardmäßig aktiviert, sodass bei diesen Objekten die Shapes geklebt werden können.

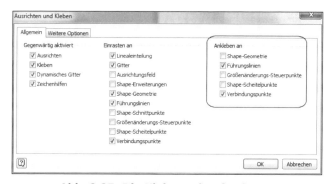

Abb. 2.25: Die Klebepunkte festlegen

Möchten Sie die Verbinder an der gesamten Kontur eines Shapes befestigen können, dann aktivieren Sie das Kontrollkästchen *Shape-Geometrie*.

Anschließend können Sie an der gesamten Form des Shapes einen Verbinder festmachen. Dazu müssen Sie lediglich mit der Maus auf den Rand des Shapes zeigen. Wenn die Klebeverbindung möglich ist, erscheint an dieser Stelle ein kleines rotes Quadrat.

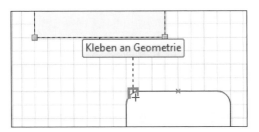

Abb. 2.26: Der Verbinder kann an die gesamte Form geklebt werden

Verbinder

Die Verbinder zwischen zwei Objekten lassen sich am einfachsten mit dem Werkzeug *Verbinder* zeichnen.

Hierbei gilt es, zwischen statischem und dynamischem Verkleben zu unterscheiden.

Statisches Verkleben

Beim statischen Verkleben wird der Verbinder fest mit einem der Verbindungspunkte verklebt und so auf Dauer fixiert. Selbst wenn anschließend ein Shape verschoben wird, bleibt der Verbinder immer mit diesem Verbindungspunkt verbunden.

Zum statischen Verkleben aktivieren Sie zunächst in der Gruppe *Tools* (Registerkarte *Start*) die Schaltfläche *Verbinder* und zeigen mit dem veränderten Mauszeiger auf den Verankerungspunkt des ersten Shapes.

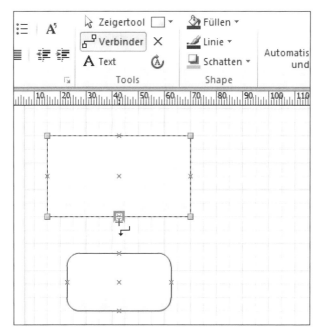

Abb. 2.27: Eine statische Verbindung erstellen

Sobald das rote Quadrat als Zeichen des Verklebens mit dem Verbindungspunkt erscheint, klicken Sie einmal und ziehen den Verbinder mit gedrückter Maustaste auf den Verbindungspunkt des zweiten Shapes.

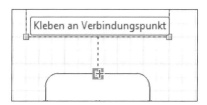

Abb. 2.28: Die Verbindung vollenden

Wenn dort ebenfalls das rote Quadrat angezeigt wird, lassen Sie die Maustaste los und schon ist die Verbindung hergestellt.

Der Beginn der Verbindung wird nun durch ein kleines, nicht gefülltes rotes Quadrat angezeigt; das Ende der Verbindung dagegen durch ein gefülltes rotes Quadrat. Zwischen der Linie befindet sich ein kleines blaues Quadrat, *Mittelpunkt* genannt.

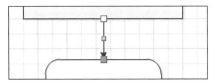

Abb. 2.29: Die neue Verbindung

Wenn Sie auf dieses Quadrat zeigen und der Mauszeiger die Form eines Doppelpfeils anzeigt, können Sie durch Klicken und anschließendes Ziehen mit gedrückter Maustaste den Verlauf des Verbinders verändern.

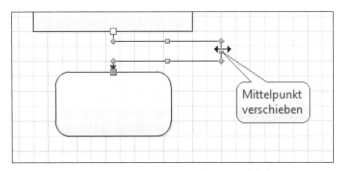

Abb. 2.30: Den Mittelpunkt verschieben

Dadurch werden auf der Linie weitere Anfasser angezeigt, mit deren Hilfe Sie den Verbinder weiter ausrichten können.

Neben den standardmäßig geraden Verbindern können Sie zu einem rechtwinkligen oder gekrümmten Verbinder wechseln.

Klicken Sie dazu mit der rechten Maustaste auf den Verbinder und wählen Sie aus dem Kontextmenü die entsprechende Option aus.

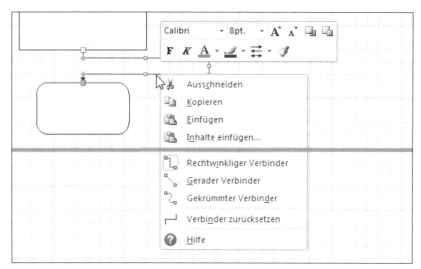

Abb. 2.31: Den Stil des Verbinders ändern (Menü verkürzt)

Entscheiden Sie sich für die Option *Gekrümmter Verbinder*, dann werden die Enden der Verbinder mit einem kleinen runden blauen Anfasser versehen. Dieser dient dazu, den Verlauf der Krümmung festzulegen. Hierfür zeigen Sie auf den Anfasser und ziehen ihn mit gedrückter Maustaste.

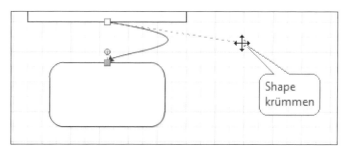

Abb. 2.32: Den Verbinder krümmen

Möchten Sie nach all den Arbeiten wieder zum Ausgangspunkt zurückkehren, wählen Sie das Kontextmenü *Verbinder zurücksetzen*.

Dynamisches Verkleben

Beim dynamischen Verkleben versucht Visio, einen günstigeren Verbindungspunkt zu finden, sodass beispielsweise keine Verbindungslinien über ein Shape laufen.

Ausgangspunkt ist auch hier das aktivierte Werkzeug *Verbinder*.

Mit diesem zeigen Sie in den inneren Bereich des ersten Shapes und bewegen den Mauszeiger ein wenig, bis der gesamte Markierungsrahmen des Shapes in roter Farbe gezeigt wird.

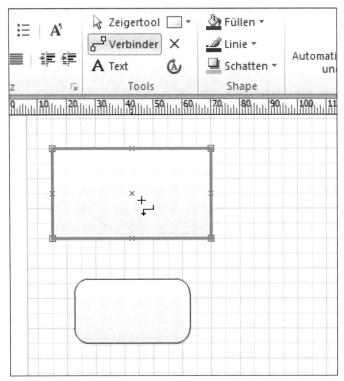

Abb. 2.33: Eine dynamische Verbindung anlegen

Klicken Sie dann mit der Maus und ziehen Sie mit gedrückter Maustaste den Verbinder auf das zweite Shape, bis auch dessen roter Markierungsrahmen erscheint.

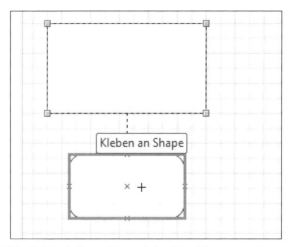

Abb. 2.34: Achten Sie auf den Markierungsrahmen

Dann lassen Sie die Maustaste los.

Wenn Sie anschließend das zweite Objekt verschieben, wird das Programm ständig die günstigste Verbindung ermitteln und die Linie entsprechend verändern.

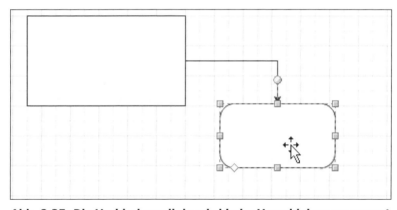

Abb. 2.35: Die Verbindungslinie wird beim Verschieben angepasst

Shapes formatieren

Nachdem Sie die Shapes angeordnet haben, werden Sie diese vermutlich noch formatieren wollen. Auch hierzu stellt Visio eine Reihe von Möglichkeiten zur Verfügung.

Beschriftungen anlegen

Sie können auf dreierlei Weise Shapes mit erklärenden Beschriftungen versehen.

Shapes mit Text versehen

Die einfachste Variante ist, dass Sie einfach doppelt auf das Shape klicken, das Sie beschriften wollen.

Dadurch erscheint in der Mitte des Shapes ein Cursor und Sie können mit der Eingabe des Textes beginnen oder einfach – zuvor abgelegten – Text über die Zwischenablage einfügen.

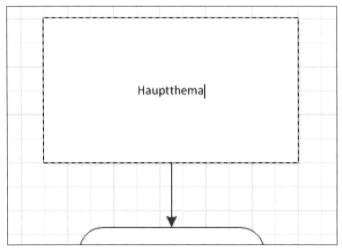

Abb. 2.36: Ein Shape mit Text versehen

Bei manchen Shapes wird der Text außerhalb platziert.

Zum Beenden klicken Sie einmal außerhalb des Shapes oder betätigen die [Esc]-Taste.

Beschriftungen

Beschriftungen werden im Regelfall außerhalb des Shapes angebracht und sie eignen sich besonders dazu, weitere Erläuterungen oder Kommentierungen zu geben.

Damit Sie Beschriftungen eingeben können, müssen Sie zunächst die Schablone *Beschriftungen* einblenden.

Klicken Sie dazu im Aufgabebereich *Shapes* auf den Pfeil *Weitere Shapes* und wählen Sie dort nacheinander *Visio-Extras* und dann *Beschriftungen* aus.

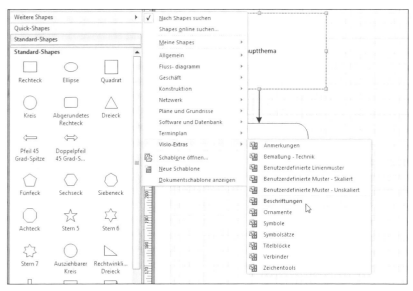

Abb. 2.37: Die *Beschriftungen*-Schablone einblenden

Anschließend zeigen Sie auf ein Shape in der Schablone *Beschriftungen* und ziehen es mit gedrückter Maustaste auf das Shape, das Sie mit einer Beschriftung versehen wollen.

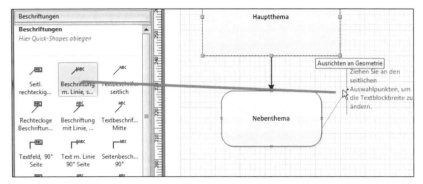

Abb. 2.38: Eine Beschriftung einfügen

Dann führen Sie einen Doppelklick auf den Vorgabetext aus und überschreiben diesen mit Ihrem eigenen Text.

Text-Shapes

Die dritte Methode besteht darin, Text-Shapes hinzuzufügen.

Um ein solches Shape zu erstellen, klicken Sie in der Gruppe *Tools* (Registerkarte *Start*) auf die Schaltfläche *Text*.

Platzieren Sie dann den Mauszeiger an der Stelle, an der Sie den Text eingeben möchten, und ziehen Sie mit gedrückter Maustaste einen Rahmen auf.

Anschließend geben Sie den gewünschten Text ein und beenden die Arbeit durch Anklicken der Schaltfläche *Zeigertool*.

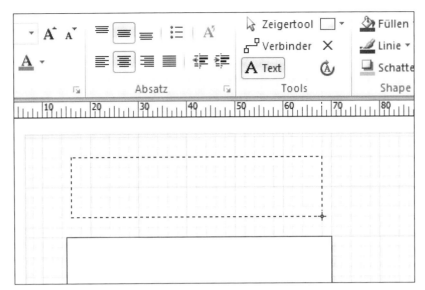

Abb. 2.39: Einen Rahmen für den Text anlegen

Beschriftungen bearbeiten und formatieren

Sicherlich werden Sie die ein oder andere Beschriftung nachträglich bearbeiten und grafisch verändern wollen.

Beschriftungen bearbeiten

Um den Beschriftungstext zu verändern, müssen Sie lediglich mit dem *Zeigertool* doppelt auf den Vorgabetext klicken.

Visio wechselt daraufhin in den Überschreibmodus und Sie überschreiben den Text einfach.

Abb. 2.40: Einen Vorgabetext überschreiben

Vorhandenen Text können Sie nach dem Markieren auch einfach durch Betätigen der `Entf`-Taste löschen.

Geben Sie zu viel Text ein, dann wird das Shape nicht automatisch vergrößert und der Text ragt über die Begrenzungen hinaus.

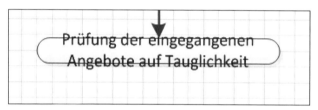

Abb. 2.41: Dieses Shape ist für den Text zu klein

In diesem Fall aktivieren Sie das Werkzeug *Zeigertool* und vergrößern das Shape mithilfe der Anfasser.

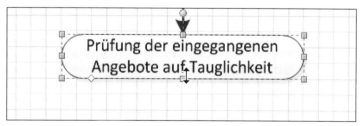

Abb. 2.42: So wird das Shape angepasst

Falls gewünscht oder erforderlich, können Sie den Text auch drehen.

Dazu müssen Sie zunächst die Schaltfläche *Textblock* in der Gruppe *Tools* aktivieren und mit dem veränderten Mauszeiger auf den Drehpunkt zeigen. Wenn der Mauszeiger die Form eines gedrehten Vierfachpfeils annimmt, können Sie den Text mit gedrückter Maustaste drehen.

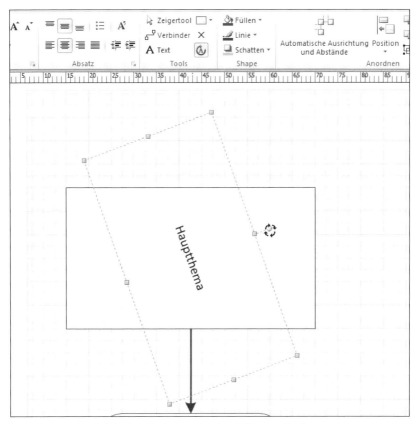

Abb. 2.43: Den Text des Shapes drehen

Manche Shapes verfügen über einen eigenen Kontrollpunkt zum Versetzen des Textes. Diesen erkennen Sie an seiner gelben Markierung und daran, dass beim Zeigen auf diesen Kontrollpunkt eine entsprechende *QuickInfo* erscheint.

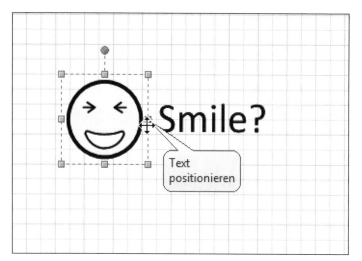

Abb. 2.44: Der Mauszeiger (unter dem Vierfachpfeil) befindet sich über den Kontrollpunkt

Nachdem der Mauszeiger beim Zeigen auf den Kontrollpunkt die Form eines Vierfachpfeils angenommen hat, können Sie anschließend mit gedrückter Maustaste die Beschriftung an die neue Stelle schieben.

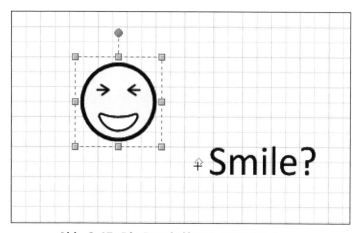

Abb. 2.45: Die Beschriftung neu platzieren

Beschriftungen formatieren

Für die Formatierung der Beschriftungen gelten keine Besonderheiten.

Wenn Sie bei markiertem Text den Mauszeiger ein bisschen bewegen, erhalten Sie die Schnellformatleiste, mit der Sie gleich die elementarsten Formatierungen vornehmen können.

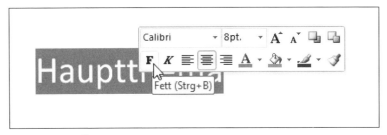

Abb. 2.46: Über die Schnellformatleiste den Text formatieren

Weitere Formatierungsoptionen finden Sie in der Registerkarte *Start* in den Gruppen *Schriftart* und *Absatz*.

Abb. 2.47: Die üblichen Möglichkeiten der Textformatierung

Füllen, Linie, Schatten

Wenn es um die Gestaltung der Shapes geht, dann greifen Sie auf die Optionen der Gruppe *Shape* zu.

So können Sie alle geschlossenen Shapes mit einer Füllfarbe Ihrer Wahl versehen, wenn Sie nach dem Markieren auf die Schaltfläche *Füllen* klicken und aus der Liste die gewünschte Farbe auswählen.

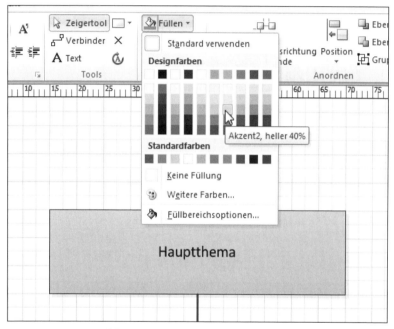

Abb. 2.48: Die Füllfarbe einstellen

 TIPP

Zum Auswählen genügt es übrigens, dass Sie den Mauszeiger auf ein Vorschaufarbfeld bewegen. Augenblicklich wird das markierte Shape in der entsprechenden Farbe dargestellt.

Noch detaillierter können Sie die Färbung des Shapes gestalten, wenn Sie den Menüpunkt *Füllbereichsoptionen* wählen. In diesem Fall erhalten Sie das Dialogfenster *Füllbereich*, in dem Sie weitere Einstellungen wie etwa die Auswahl eines *Musters* oder Festlegen der *Transparenz* vornehmen können.

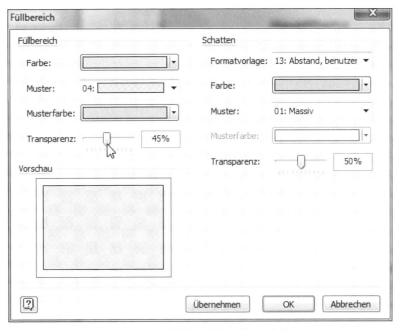

Abb. 2.49: Den Füllbereich näher definieren

Möchten Sie ein Shape mit einem *Schatten* versehen, dann klicken Sie auf den Listenpfeil der gleichnamigen Schaltfläche und wählen die gewünschte Schattenfarbe aus.

Um weiteren Einfluss auf den Schatten zu nehmen, wählen Sie den Menüpunkt *Weitere Schatten* aus, den Sie im Listenmenü *Schatten* finden. Im folgenden Dialogfenster *Schatten* finden Sie eine Reihe von Möglichkeiten, Sie können dort beispielsweise Einfluss auf die *Größe und Position* des Schattens nehmen.

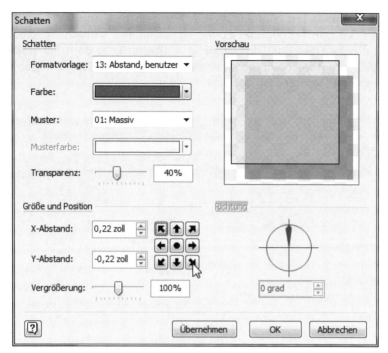

Abb. 2.50: Die Schattenausprägung verfeinern

Einfluss auf die Kontur des Shapes nehmen Sie über die Optionen der Schaltfläche *Linie*. In deren Listenmenü finden Sie neben den Färbungsmöglichkeiten auch Einstellungen der Linienstärke oder der Strichtypen.

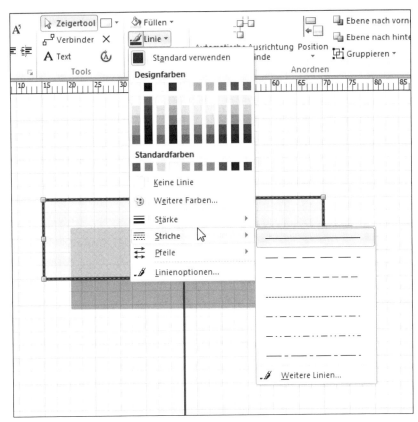

Abb. 2.51: Die Linien eines Shapes gestalten

Designs

Ganz rasch und vor allem einheitlich können Sie die Shapes mithilfe eines Designs gestalten. Dabei handelt es sich um vorgefertigte Sammlungen von Formatierungen, die Sie einfach dem markierten Shape zuweisen.

Um ein solches Design zuzuweisen, müssen Sie lediglich nach dem Markieren in der Registerkarte *Entwurf* innerhalb der Gruppe *Designs* auf eine Zusammenstellung klicken.

Standarddiagramme

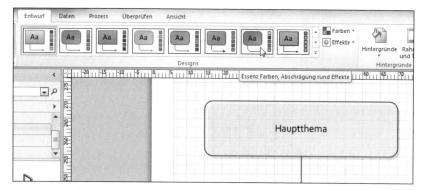

Abb. 2.52: Schnell formatiert mithilfe von Designs

Falls Sie möchten, können Sie über die Optionen der Schaltfläche *Farben* und *Effekte* noch Einfluss auf die Designs nehmen.

3 Brainstorming

Ziele

⇨ Shapes perfekt einsetzen und verwalten

⇨ Eigene Gedanken und Abläufe visualisieren

⇨ Ein Brainstorming visualisieren

Schritte zum Erfolg

⇨ Shapes perfekt organisieren

⇨ Shapes für ein Brainstorming einsetzen

⇨ Die Registerkarte *Brainstorming* einsetzen

In diesem Kapitel erfahren Sie, welche Möglichkeiten es gibt, Shapes zu organisieren und wie man ein Brainstorming grafisch darstellt.

Klicken Sie zunächst auf die Registerkarte *Datei* und wählen Sie das Menü *Neu* aus. In der Liste der Vorlagenkategorien klicken Sie auf *Geschäft*, um diese Vorlagen einzusehen. Dort angekommen, wählen Sie die Vorlage *Brainstormingdiagramm* aus und schließen den Vorgang mit einem Klick auf die Schaltfläche *Erstellen* ab.

Speichern Sie die Zeichnung nach Auswahl der Registerkarte *Datei* und des Menüpunktes *Speichern* unter der Bezeichnung Brainstorming ab.

Shapes organisieren

Im Aufgabenbereich *Shapes* finden Sie die Shapes, die Ihnen bei der grafischen Umsetzung des Brainstormings helfen.

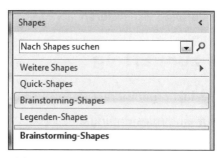

Abb. 3.1: Die *Brainstorming-Shapes*

Ziehen Sie zunächst das Shape *Hauptthema* auf die Zeichenfläche und platzieren Sie anschließend das Shape *Thema* darunter.

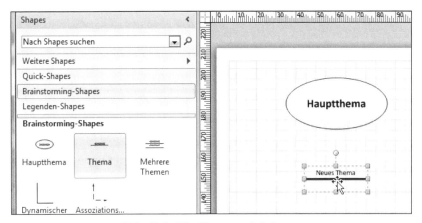

Abb. 3.2: Die Shapes platzieren

Shapes vervielfältigen

Wenn Sie ein bestimmtes Shape öfter auf einer Zeichnung benötigen, dann können Sie dieses kopieren und einfügen oder – schneller – einfach duplizieren.

Shapes kopieren und einfügen

Nachdem Sie das betreffende Shape markiert haben, kopieren Sie es in die Zwischenablage. Dazu klicken Sie entweder in der Registerkarte *Start* in der Gruppe *Zwischenablage* auf die Schaltfläche *Kopieren* oder betätigen einfach die Tastenkombination Strg + C.

Anschließend klicken Sie noch auf die Schaltfläche *Einfügen* oder betätigen Strg + V.

Wie Sie sehen, wird die Kopie leicht versetzt unterhalb des kopierten Objekts eingefügt.

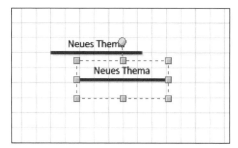

Abb. 3.3: Ein kopiertes und eingefügtes Shape

Shapes duplizieren

Der schnellere Weg ist das Duplizieren. In diesem Fall betätigen Sie einfach nach dem Markieren die Tastenkombination ⟨Strg⟩ + ⟨D⟩ und schon wird das neue Objekt – ebenfalls versetzt – eingefügt.

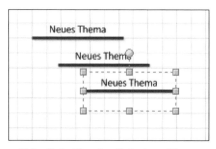

Abb. 3.4: Ein dupliziertes Shape

TIPP

Das Shape *Mehrere Themen* finden Sie weiter unten erläutert.

Shapes ausrichten

Wie Sie gesehen haben, werden die Kopien bzw. Duplikate versetzt angeordnet.

Sollen diese beispielsweise untereinander angeordnet werden, dann müssen Sie das nicht notwendigerweise manuell durchführen, sondern können sich von Visio helfen lassen.

Markieren Sie zunächst die Shapes, die Sie ausrichten wollen.

Anschließend klicken Sie in der Registerkarte *Start* in der Gruppe *Anordnen* auf den Listenpfeil der Schaltfläche *Position*.

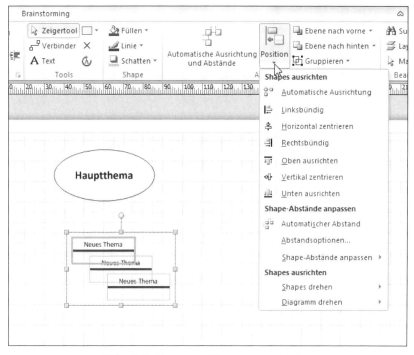

Abb. 3.5: Mehrere *Shapes ausrichten*

In der aufklappenden Liste finden Sie nun die entsprechenden Schaltflächen zum Ausrichten der Shapes.

Fahren Sie mit dem Mauszeiger über die einzelnen Optionen. Im Hintergrund wird sofort der Befehl ausgeführt und Sie können das vermeintliche Endergebnis betrachten.

Wählen Sie beispielsweise *Linksbündig*, um die Shapes am linken Rand untereinander auszurichten.

Shapes verteilen

Sind Sie den vorherigen Anweisungen gefolgt, dann sind Sie vielleicht mit dem Endergebnis nicht so recht zufrieden. Die einzelnen Shapes werden ziemlich gedrängt platziert.

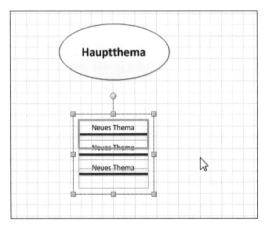

Abb. 3.6: Ausgerichtet, aber zu eng platziert

Der horizontale wie auch der vertikale Abstand lässt sich jedoch wunschgemäß anpassen.

Achten Sie darauf, dass die betreffenden Shapes markiert sind, bevor Sie dann auf den Menüpunkt *Abstandsoptionen* der Schaltfläche *Position* (Registerkarte *Start*, Gruppe *Anordnen*) klicken.

Im folgenden Dialogfenster *Abstandsoptionen können Sie nun über die Felder Horizontal bzw. Vertikal die gewünschten Abstände festlegen.*

Möchten Sie gleich das Ergebnis betrachten und gegebenenfalls korri-
gieren, dann klicken Sie auf die Schaltfläche Übernehmen.

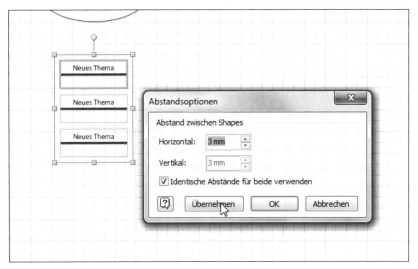

Abb. 3.7: Die Abstände zwischen Shapes festlegen

Passt alles, beenden Sie mit einem Klick auf *OK*.

Wenn Sie die Shapes von Hand angeordnet haben, stimmen vermutlich die Abstände zwischen den einzelnen Shapes nicht.

In diesem Fall markieren Sie die betreffenden Shapes und rufen über
die Schaltfläche *Position* den Menüpunkt *Shape-Abstände anpassen*
auf. In dessen Untermenü finden Sie nun die beiden Optionen *Hori-*
zontal verteilen bzw. *Vertikal verteilen*, die Ihnen weiterhelfen.

TIPP

Weitere Verteiloptionen finden Sie in dem Dialogfenster, welches
Sie durch Aufruf des Untermenüpunktes *Weitere Verteilungsopti-*
onen erhalten.

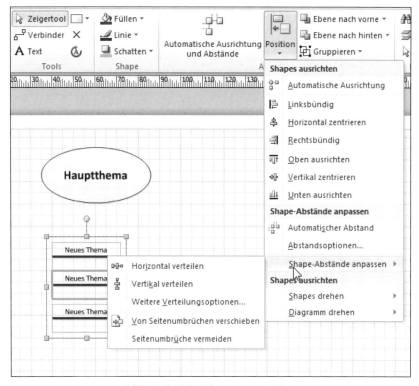

Abb. 3.8: Die Shapes verteilen

Schablonen-Verbinder

Gerade beim Brainstorming ist es wichtig, Beziehungen zwischen den einzelnen Elementen herzustellen. Hierfür finden Sie im Arbeitsbereich *Shapes* zwei Verbinder: *Dynamischer Verbinder* und *Assoziationslinie*.

Ein *Dynamischer Verbinder* wird beim Umpositionieren von Shapes auf dem Zeichenblatt automatisch um Shapes herumgelegt. Eine *Assoziationslinie* ist lediglich in der Anzeige sichtbar und wird nicht in die Hierarchie des Diagramms aufgenommen.

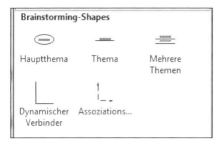

Abb. 3.9: Zwei interessante Verbinder

Das Anlegen beider Verbinder erfolgt auf die gleiche Art und Weise: Sie zeigen auf die entsprechende Schaltfläche und ziehen mit gedrückter Maustaste auf das Objekt, welches Sie verbinden wollen.

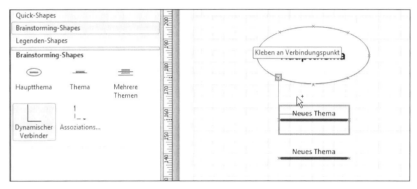

Abb. 3.10: Einen dynamischen Verbinder einsetzen

Nachdem das rote Quadrat einen Kontrollpunkt erfasst hat, lassen Sie die Maustaste los.

Nun können Sie die Verbindungslinie dynamisch gestalten.

Zeigen Sie auf einen der blauen Krümmungspunkte und ziehen Sie diesen an einen neuen Ort.

Über die kleinen Hebel an den beiden Endpunkten können Sie durch Ziehen den Verlauf der Linie ändern.

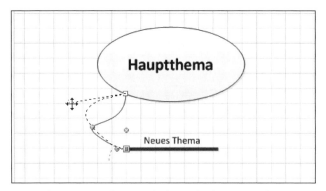

Abb. 3.11: Die Verbindungslinie bearbeiten

Registerkarte „Brainstorming"

Brainstorming ist eine Methode zur Ideenfindung und sozusagen der Klassiker unter den Kreativitätsmethoden. Diese ermöglicht eine spontane Ideenäußerung ohne ablehnende Kritik, sodass mit dieser Methode eine große Anzahl von Ideen zu einer gegebenen Problemstellung entwickelt und gesammelt wird.

Allerdings gilt es, dann ein wenig Ordnung in das Gedankenchaos zu bringen, und hier kommt Visio zum Einsatz. Ansatzpunkt hierfür ist besonders die Registerkarte *Brainstorming*, die nach Auswahl einer Vorlage aus dem Bereich *Brainstormingdiagramm* erscheint.

Abb. 3.12: Die Registerkarte für die Gedankenblitze

Themen hinzufügen

Zunächst gilt es, über die Symbole der Gruppe *Themen hinzufügen* die entsprechenden Gedanken zu ordnen.

Zunächst wird das Hauptthema eingefügt, das Grundlage des Brainstormings war.

Nachdem Sie die Schaltfläche *Hauptthema* angeklickt haben, wird das entsprechende Shape mittig platziert.

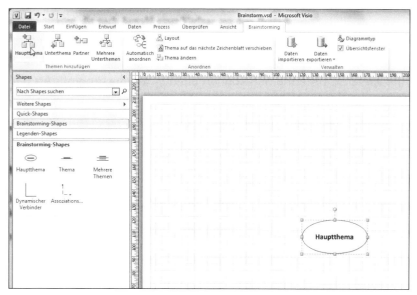

Abb. 3.13: Das *Hauptthema* wird mittig platziert

Wenn Sie nun ein untergeordnetes Thema hinzufügen wollen, dann klicken Sie einfach auf die Schaltfläche *Unterthema*. Augenblicklich wird dieses eingefügt, mit dem Hauptthema verbunden und neben diesem platziert.

Möchten Sie das Unterthema lieber unter dem Hauptthema anordnen, so ziehen Sie es einfach mit gedrückter Maustaste an die gewünschte Stelle.

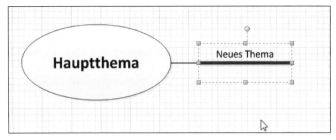

Abb. 3.14: Ein Unterthema wurde eingefügt

Alle weiteren Unterthemen können Sie nun auf die gezeigte Art und Weise einfügen. Achten Sie dabei allerdings darauf, zu welchem Shape Sie ein Unterthema hinzufügen wollen: Es sollte zuvor markiert sein.

Möchten Sie gleich mehrere Unterthemen zu einem bestimmten Thema erstellen, dann ist es einfacher, wenn Sie die Schaltfläche *Mehrere Unterthemen* verwenden.

In diesem Fall erhalten Sie das Dialogfenster *Mehrere Themen* hinzufügen. Hier geben Sie in der Liste einfach die gewünschten Themen ein und betätigen jedes Mal die ⏎-Taste, damit diese schön wie in einer Liste erscheinen.

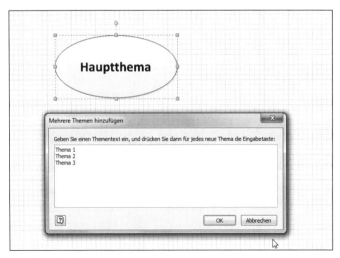

Abb. 3.15: Mehrere Unterthemen auf einen Schlag

Haben Sie alle Themen beisammen, klicken Sie noch auf *OK* und schon erstellt Visio die Themen und ordnet sie um das markierte Objekt an.

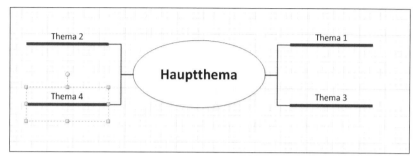

Abb. 3.16: Visio hat ganze Arbeit geleistet

Soll statt eines Unterthemas ein gleichrangiges Thema eingefügt werden, dann klicken Sie auf die Schaltfläche *Partner*.

Visio ordnet dieses Thema der gleichen Ebene wie das zuvor ausgewählte Thema zu. Hatten Sie beispielsweise zuvor das Hauptthema markiert, dann wird ein weiteres Hauptthema eingefügt.

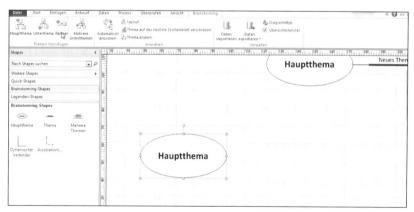

Abb. 3.17: Ein gleichrangiges Thema wurde eingefügt

Anordnen

Wie Sie gesehen haben, fügt das Programm beim Anklicken die Themen gleich ein und ordnet sie um das markierte Shape an.

Wenn Sie Einfluss auf diese Darstellung nehmen wollen, dann kommen die Optionen der Gruppe *Anordnen* zum Einsatz.

Automatisch anordnen

Sie haben beispielsweise die Shapes selbst platziert und wollen nun Ordnung schaffen und das Aussehen des Diagramms verbessern.

In diesem Fall markieren Sie alle Themen und klicken dann auf die Schaltfläche *Automatisch anordnen*.

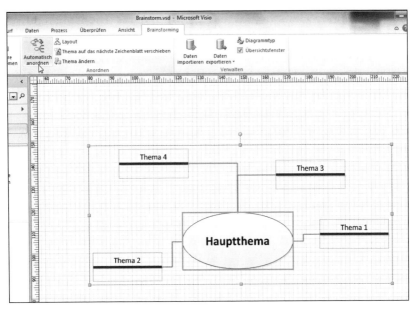

Abb. 3.18: Die Shapes automatisch anordnen lassen

Augenblicklich ordnet das Programm die Themen symmetrisch an.

Layout

Gefällt Ihnen die standardmäßige Anordnung nicht, dann können Sie diese ebenfalls ändern. Dazu klicken Sie auf die Schaltfläche *Layout*; im folgenden Dialogfenster können Sie nun die entsprechenden Einstellungen treffen.

Im Bereich *Layout auswählen* wählen Sie die gewünschte Anordnung der Shapes aus, die Ihnen augenblicklich im Vorschaubereich angezeigt wird. Im Bereich *Verbinder* legen Sie schließlich noch fest, wie die Verbindungslinien angezeigt werden sollen.

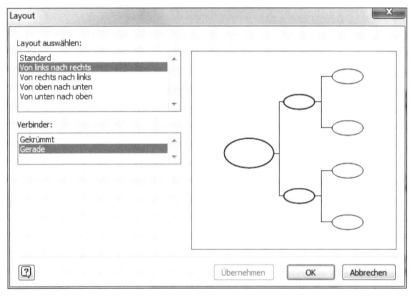

Abb. 3.19: Die Darstellungsform ändern

Mit *OK* übernehmen Sie die Einstellungen.

Thema ändern

Die Darstellungsweise der Shapes ändern Sie mithilfe des Dialogfensters *Shape ändern*, das Sie nach einem Klick auf die Schaltfläche *Thema ändern* erhalten.

In diesem Dialogfenster wählen Sie die gewünschte Darstellungs-form aus und bestätigen mit *OK*.

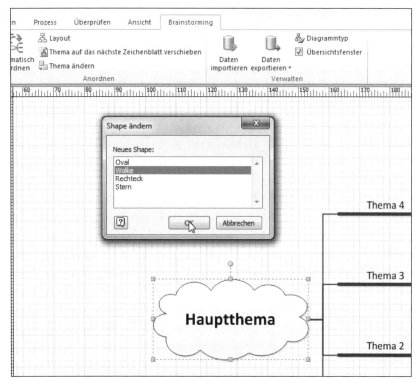

Abb. 3.20: Das *Shape ändern*

Soll der Darstellungsstil der gesamten Zeichnung geändert werden, dann greifen Sie zu den Optionen des Dialogfensters *Brainstorming-stil*.

Sie erhalten dieses Dialogfenster nach Anklicken der Schaltfläche *Diagrammtyp*, die sich in der Gruppe *Verwalten* befindet.

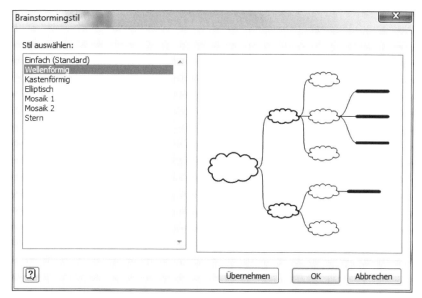

Abb. 3.21: Den *Brainstormingstil* ändern

4 ▶ Flussdiagramm

Ziele

⇨ Arbeits- und Geschäftsabläufe darstellen

⇨ Standardflussdiagramme einsetzen

⇨ Mehrere Shapes zusammen einsetzen

⇨ Ein funktionsübergreifendes Flussdiagramm erstellen

Schritte zum Erfolg

⇨ Ein Standardflussdiagramm erstellen

⇨ Shapes verbinden, löschen und gruppieren

⇨ Die Vorlage *Funktionsübergreifendes Flussdiagramm* verwenden

Flussdiagramme bestehen aus unterschiedlich geformten Elementen, die mit Pfeilen verbunden sind. Die Pfeilrichtung gibt die Verarbeitungsreihenfolge vor. Jedes Element beschreibt einen einfachen Verarbeitungsschritt.

Einsatzmöglichkeiten

Flussdiagramme werden häufig zur Darstellung von beliebigen Abläufen und Tätigkeiten verwendet, um beispielsweise Arbeits- und Geschäftsabläufe zu verdeutlichen und zu analysieren oder bei einer Entscheidungsfindung in Reparaturanleitungen behilflich zu sein. Sehr häufig werden sie auch eingesetzt, um die Funktionsweise eines Computerprogramms oder eines Algorithmus zu veranschaulichen.

Heutzutage werden viele Geschäfte online erledigt. Damit dabei alles reibungslos vonstattengeht, muss eine Reihe von Mechanismen ablaufen. Oft geschieht das, ohne dass man sich zuvor die einzelnen Schritte überlegt hat. Um jedoch Erfolg zu haben, müssen einige Entscheidungen getroffen werden, deren Ablauf sich mithilfe eines Flussdiagramms darstellen lässt.

Um dieses zu erstellen, sollte man zunächst den Ablauf kurz skizzieren. Dabei werden folgende Schritte absolviert: Als Erstes steht der Start der Aktion. Sie nehmen den Telefonhörer ab und wählen die Nummer. Jetzt kommt es darauf an, ob der potenzielle Kunde abnimmt. Ist das der Fall, dann führen Sie das Gespräch und legen am Schluss den Hörer auf. Damit ist der Vorgang beendet. Hebt das Gegenüber nicht ab, dann legen Sie den Hörer auf. In diesem Fall können Sie die Aktion zu einem späteren Zeitpunkt wiederholen oder sie ist damit auch erledigt.

Standardflussdiagramm

Nachdem der grobe Ablauf der Aufgabe feststeht, kann es an die Erstellung des Flussdiagramms gehen.

Klicken Sie auf die Schaltfläche *Datei* und wählen Sie den Menü-punkt *Neu* aus.

Im Bereich *Vorlagenkategorien* finden Sie die benötigte Schaltfläche *Flussdiagramm*.

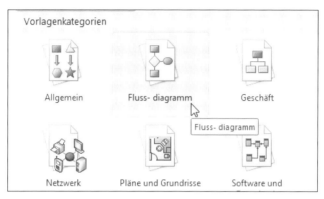

Abb. 4.1: Ein Flussdiagramm erstellen

Als Nächstes wählen Sie die Vorlage, in diesem Fall bietet sich *Stan-dardflussdiagramm* an, und bestätigen Sie mit einem Klick auf die Schaltfläche *Erstellen*.

Standardflussdiagramm-Shapes einfügen

Den oben dargestellten Ablauf zeichnen Sie zunächst mithilfe der *Standardflussdiagramm-Shapes* nach.

Ziehen Sie als Erstes das Shape *Start/Ende* aus dem Aufgabenbe-reich auf das Zeichenblatt.

Sie können es gleich beschriften, indem Sie es markiert lassen und über die Tastatur Start eingeben.

Die Eingabe beenden Sie durch Auswahl des Werkzeugs *Zeigertool*.

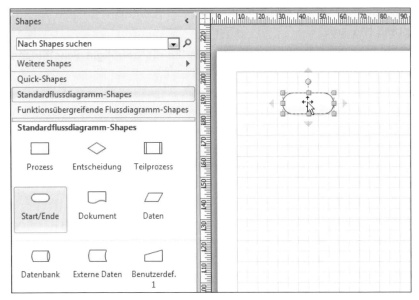

Abb. 4.2: Das erste Shape steht

Shapes verbinden

Die Shapes lassen sich nun auf vielerlei Art verbinden.

AutoVerbinder

Wie Ihnen sicherlich gleich beim Erstellen aufgefallen ist, werden diese Shapes von vier kleinen Pfeilen umrahmt.

Es handelt sich dabei um sogenannte AutoVerbinder, mit denen Sie schnell das folgende Shape nebst Verbinder hinzufügen können.

Zeigen Sie dazu auf den Pfeil an der Seite, an der Sie das nächste Shape anordnen wollen.

Dadurch aktivieren Sie eine Minisymbolleiste, die die ersten vier Shapes des Aufgabenbereichs *Quick-Shapes* anzeigt.

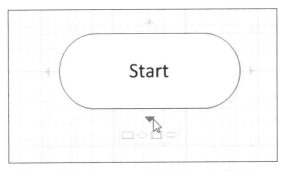

Abb. 4.3: Auf den Pfeil zeigen, um die Minisymbolleiste zu aktivieren

Als Nächstes müssen Sie lediglich noch auf das gewünschte Shape zeigen. Sofort wird eine Vorschau desselben nebst Verbinder angezeigt.

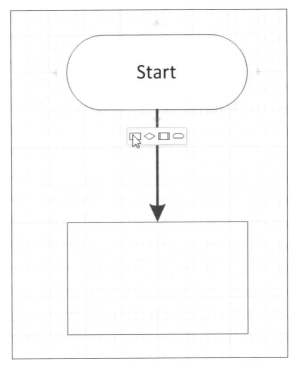

Abb. 4.4: Das gewünschte Shape auswählen

Ist es das Shape, das Sie wünschen, dann fügen Sie es mit einem einfachen Klick ein.

Da es noch markiert ist, können Sie auch gleich den benötigten Text eingeben.

Verbinder beschriften

Kommen Sie an einer Weiche an, werden Sie zusätzlich eine entsprechende Beschriftung einfügen wollen bzw. – für die Verständlichkeit – müssen. So werden unterschiedliche Aktionen nötig sein, wenn der Angerufene sich nicht meldet.

In diesem Fall klicken Sie auf den Verbinder, um ihn zu markieren.

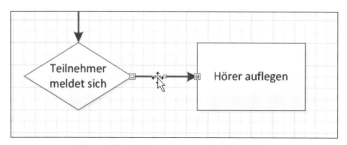

Abb. 4.5: Die logische Brücke bilden

Anschließend geben Sie sofort die entsprechende Weichenbezeichnung ein und klicken zur Bestätigung einmal auf die Zeichenfläche.

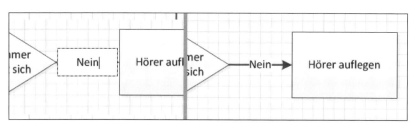

Abb. 4.6: Die Bezeichnung eingeben (vorher/nachher)

Shapes automatisch verbinden lassen

Falls Sie ein Shape benötigen, das nicht auf der Minisymbolleiste angezeigt wird, dann fügen Sie es ganz normal aus dem Aufgabenbereich ein.

Ziehen Sie es mit gedrückter Maustaste an die vorgesehene Stelle und richten Sie es mithilfe der orangen Linie (sie erscheint als Positionierhilfe beim Bewegen) gleich mittig aus.

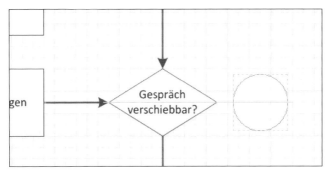

Abb. 4.7: Ein Shape einfügen und ausrichten

Nachdem Sie das Shape beschriftet haben, können Sie es auch gleich automatisch verbinden lassen.

Zeigen Sie dazu mit dem Mauszeiger. Es erscheint ein blauer Pfeil. Wenn Sie ihn anklicken, wird eine direkte Verbindung zu dem dahinterliegenden Shape erstellt.

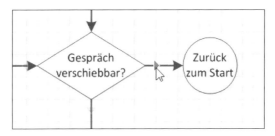

Abb. 4.8: Das Shape verbinden

Alternativ können Sie das Shape beim Einfügen aber auch gleich auf das Shape ziehen, mit dem eine Verbindung hergestellt werden soll. Ziehen Sie dabei das einzufügende Shape mit gedrückter Maustaste auf den Pfeil, in dessen Richtung es platziert werden soll. Wenn der Pfeil deutlich in der Mitte des einzufügenden Shapes erscheint, lassen Sie die Maustaste los und schon ist die Verbindung hergestellt.

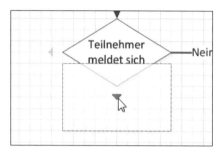

Abb. 4.9: Das Shape beim Einfügen verbinden

Eine dritte Variante besteht darin, dass Sie ein im Aufgabenbereich markiertes Shape animiert einfügen.

Dazu führen Sie einfach einen Klick auf den entsprechenden Pfeil aus und schon „fliegt" das Shape an seinen Platz.

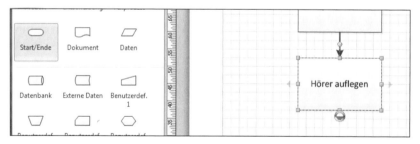

Abb. 4.10: Ein markiertes Shape einfügen

Fehlende Verbinder

Eventuell fehlende Verbinder fügen Sie am schnellsten mit dem Tool *Verbinder* ein oder mithilfe der Shapes des Aufgabenbereichs *Verbinder* (*Weitere Shapes / Visio-Extras*) ein.

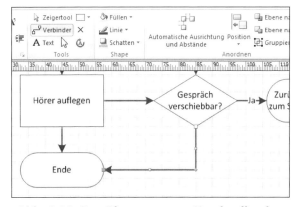

Abb. 4.11: Das Diagramm von Hand vollenden

Shapes löschen

Nachdem Sie ein Shape markiert haben, können Sie es durch Betätigen der ⌷Entf⌷-Taste problemlos löschen.

Löschen Sie dabei ein Shape aus einer Verbindungskette, dann werden die Verbinder entsprechend verlängert.

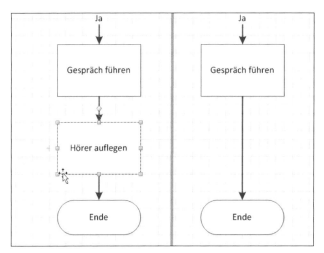

Abb. 4.12: Die Verbindung hält

Da hierbei recht große Lücken entstehen können, sollten Sie im Anschluss die Schaltfläche *Automatische Ausrichtung und Abstände* (Registerkarte *Start*, Gruppe *Anordnen*) anklicken.

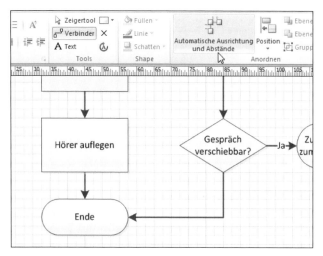

Abb. 4.13: Die Abstände vereinheitlichen

Shapes gruppieren

Mehrere Shapes können Sie in eine Gruppe zusammenfassen, die
einen gemeinsamen Markierungsrahmen erhält und sich von nun an
wie ein einzelnes Shape verhält.

Dazu müssen Sie lediglich die betreffenden Shapes markieren und
dann in der Registerkarte *Start* in der Gruppe *Anordnen* auf den
Menüpunkt *Gruppieren* der gleichnamigen Schaltfläche klicken (siehe Abbildung 4.14).

Möchten Sie eine solche Gruppe wieder auflösen, dann klicken Sie
einfach nach dem Markieren auf den Menüeintrag *Gruppierung aufheben* (siehe Abbildung 4.15).

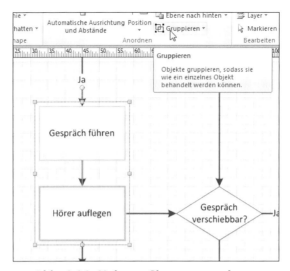

Abb. 4.14: Mehrere Shapes gruppieren

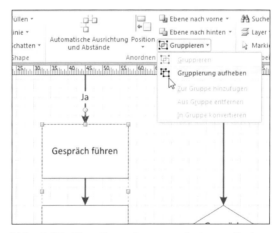

Abb. 4.15: Eine Gruppierung wieder aufheben

Um ein Shape innerhalb einer Gruppe zu bearbeiten, müssen Sie die Gruppe nicht aufheben, sondern lediglich direkt auf das betreffende Shape klicken.

Dadurch wird es mit einer eigenen Markierung versehen und kann nun von Ihnen wunschgemäß bearbeitet werden.

Ist es einmal so markiert, kann es auch aus einer Gruppe entfernt werden, wenn Sie den Eintrag *Aus Gruppe entfernen* wählen.

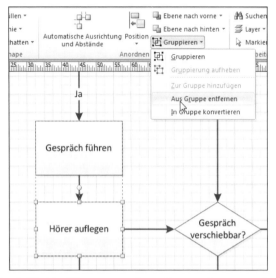

Abb. 4.16: Ein Shape aus einer Gruppe herausnehmen

Vorlage „Funktionsübergreifendes Flussdiagramm"

Wenn Sie komplexere Geschäftsprozesse darstellen wollen, dann greifen Sie am besten auf die Vorlage *Funktionsübergreifendes Fluss-diagramm* zurück. Bei diesen Diagrammen können die einzelnen Prozessschritte den für sie verantwortlichen Bereichen zugeordnet werden. Die zuständigen Abteilungen oder Mitarbeiter werden über sogenannte Bänder zugeordnet.

Klicken Sie im Register *Datei* auf die Schaltfläche *Neu* und wählen Sie die Vorlagenkategorie *Flussdiagramm* aus.

Dort angekommen, markieren Sie die Vorlage *Funktionsübergr. Fluss-diagramm* und klicken auf die Schaltfläche *Erstellen*.

Sie erhalten ein neues Zeichenblatt, das bereits mit zwei Bändern und einer Titelleiste bestückt ist.

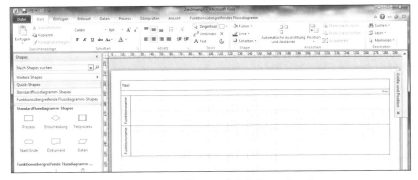

Abb. 4.17: Es kann gleich losgehen!

Ferner wird die Registerkarte *Funktionsübergreifendes Flussdiagramm* eingeblendet, die spezifische Schaltflächen bereithält.

Bezeichnungen

Die bereits vorhandenen Elemente können Sie wie gewohnt beschriften.

Klicken Sie doppelt auf die Bezeichnung *Titel* und ändern Sie diese nach Ihren Wünschen um.

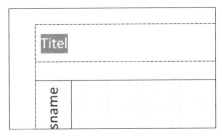

Abb. 4.18: Den Titel markieren

Ebenso verfahren Sie mit der Bezeichnung *Funktionsname*.

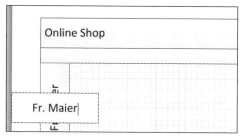

Abb. 4.19: Den Funktionsnamen ändern

Zum Beenden klicken Sie einfach auf das Zeichenblatt.

Bänder hinzufügen

Weitere Bänder fügen Sie durch einen einfachen Klick auf die Schaltfläche *Verantwortlichkeitsbereich* hinzu, die Sie im Register *Funktionsübergreifendes Diagramm* (Gruppe *Einfügen*) finden.

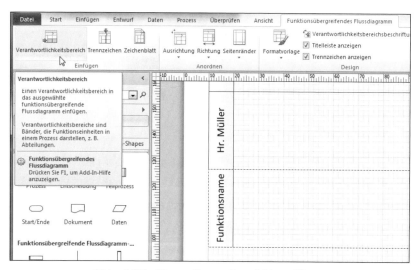

Abb. 4.20: Ein weiteres Band hinzufügen

Möchten Sie ein – eventuell zu viel erstelltes – Band löschen, dann betätigen Sie einfach nach dem Markieren die [Entf]-Taste.

Falls die Reihenfolge nicht stimmt, dann zeigen Sie auf den Titel des Bandes und ziehen es mit gedrückter Maustaste an die richtige Stelle.

Die mögliche Einfügestelle wird Ihnen mit einem orangefarbenen Strich angezeigt.

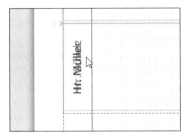

Abb. 4.21: Ein Band verschieben

An dieser Stelle müssen Sie nur noch die Maustaste loslassen und schon wird der Tausch vorgenommen.

Shapes einfügen und verbinden

Die erforderlichen Shapes fügen Sie nun wie bereits gesehen ein.

Ziehen Sie das gewünschte Shape aus dem Arbeitsbereich in das Band der zuständigen Mitarbeiterin bzw. des zuständigen Mitarbeiters.

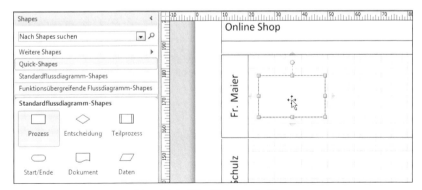

Abb. 4.22: Ein Shape einfügen

Das noch markierte Shape können Sie auch gleich beschriften.

Ist die Zuständigkeit gegeben, dann können Sie mithilfe der *AutoVerbinder* auch die weiteren Shapes einfügen.

Fügen Sie nie restlichen Shapes ein.

Die Verbindung zwischen den Bändern stellen Sie am einfachsten über das Werkzeug *Verbinder* (Registerkarte *Start*, Gruppe *Tools*) her.

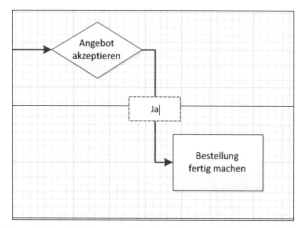

Abb. 4.23: Die Shapes bänderübergreifend verbinden

5 Pläne und Grundrisse

Ziele

⇨ Einen Plan umsetzen

⇨ Grundrisse anlegen und gestalten

⇨ Berichte einsetzen

⇨ Eine Wegbeschreibung erstellen

Schritte zum Erfolg

⇨ Möglichkeiten der Vorlagen *Pläne und Grundrisse* kennenlernen

⇨ Einen Raumplan erstellen

⇨ Berichte für eine Inventarliste verwenden

⇨ Eine Anfahrtsskizze zeichnen

Unter einem *Plan* versteht man gemeinhin die Zusammenstellung von Architekturzeichnungen oder technischen Zeichnungen, die ein Projekt oder ein Detail möglichst umfassend erläutern und so dem Betrachter eine Vorstellung von dem Endergebnis geben.

Ein *Grundriss* ist eine abstrahierte, zeichnerisch dargestellte, zweidimensionale Abbildung einer räumlichen Gegebenheit. Er findet sich häufig in technischen Zeichnungen, insbesondere jedoch in Bauzeichnungen.

Einsatzmöglichkeiten

„Ein Bild sagt oft mehr als tausend Worte", sagt man. Das wird besonders deutlich, wenn man jemandem den Weg erklären will oder das Aussehen der heimischen Wohnung oder des eigenen Büros beschreiben will. Aber auch beim Zeichnen von Hauseinrichtungs- oder Umbauplänen oder der Anordnung der neuen Möbel oder gar der Küche kann Visio behilflich sein.

Wenn Sie einen Büroplan, einen Hauseinrichtungsplan oder eine Wegbeschreibung erstellen wollen, finden Sie die entsprechenden Vorlagen unter der Vorlagenkategorie *Pläne und Grundrisse*.

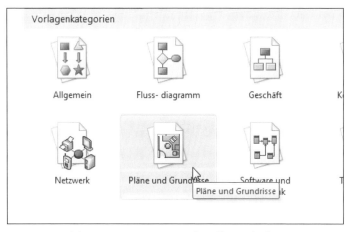

Abb. 5.1: Ausgangspunkt aller Arbeiten

Raumplan mit Inventarliste

Ein altes Sprichwort besagt, dass dreimal umgezogen so schlimm wie einmal abgebrannt ist. Damit es nicht so weit kommt, kann man mit einem Raumplan vorbeugen.

Markieren Sie die Vorlage *Büroplan* und klicken Sie auf die Schaltfläche *Erstellen*.

Abb. 5.2: Einen Büroplan erstellen

Speichern Sie das neue Zeichenblatt unter der Bezeichnung Grundriss ab.

Zeichenblatt einrichten

Zunächst sollten Sie das Zeichenblatt einrichten, da die Ausführungsplanung von Werkplänen meist in einem größeren Maßstab erfolgt.

Rufen Sie in der Registerkarte *Entwurf* über den Gruppenpfeil der Gruppe *Seite einrichten* das gleichnamige Dialogfenster auf.

In diesem aktivieren Sie die Registerkarte *Zeichnungsmaßstab* und stellen im Listenfeld *Vordefinierter Maßstab* den Wert *1:50* ein.

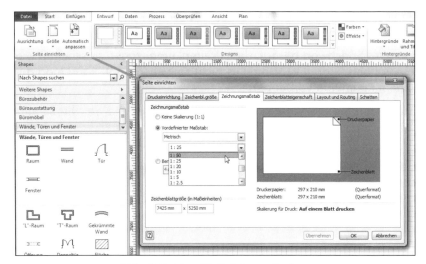

Abb. 5.3: Den Maßstab verändern

Mit *OK* übernehmen Sie die Änderung.

Grundriss

Danach geht es an die Grundrissgestaltung. In der Schablonenliste *Wände, Türen und Fenster* finden Sie eine kleine Auswahl vordefinierter Räume.

Ziehen Sie das Shape, das am ehesten Ihrem Raum entspricht, mit gedrückter Maustaste auf das Zeichenblatt (siehe Abbildung 5.4).

Dieses Shape sollten Sie zunächst auf die Abmessungen des Raumes bringen, indem Sie auf die kleinen quadratischen Anfasser zeigen und diese in die entsprechende Richtung ziehen.

Die eingeblendeten Längenangaben helfen Ihnen die gewünschten Abmessungen zu erhalten (siehe Abbildung 5.5).

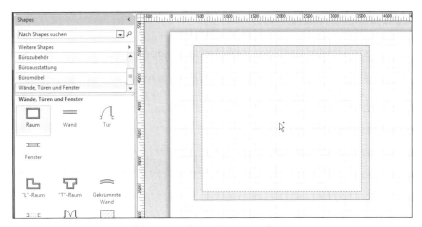

Abb. 5.4: Einen Raum anlegen

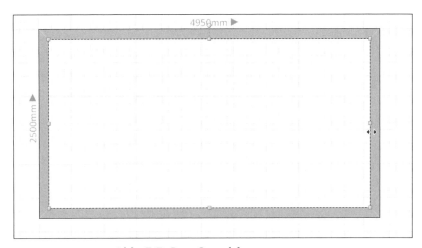

Abb. 5.5: Den Grundriss anpassen

Wände einziehen

Eine Trennwand ziehen Sie mithilfe des Shapes *Wand* ein.

Nachdem Sie das Shape auf die Zeichenfläche gezogen haben, können Sie es mit den Klebepunkt an der Wand befestigen und mit den Kontrollpunkten in die richtige Lage bringen.

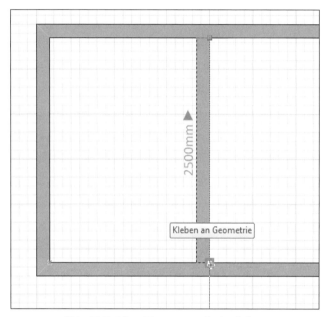

Abb. 5.6: Eine Trennwand einziehen

Hilfreich ist es gewiss, wenn Sie sich die Bemaßung dauerhaft anzeigen lassen.

Dazu markieren Sie alle Wände – am schnellsten geht das mit $\boxed{\text{Strg}}$ + $\boxed{\text{A}}$ –, zeigen auf eine markierte Wand und wählen im Kontextmenü den Eintrag *Bemaßung hinzufügen* aus (siehe Abbildung 5.7).

Nach Auswahl dieses Menüpunktes werden Ihnen die Einheiten dauerhaft angezeigt (siehe Abbildung 5.8).

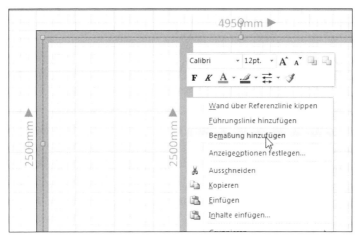

Abb. 5.7: Die Bemaßung anzeigen lassen

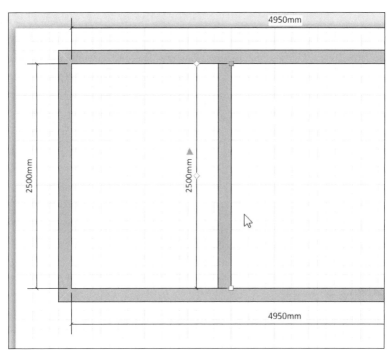

Abb. 5.8: Die dauerhaften Bemaßungen

Werden an den Shapes *Raum*, *L-Raum* und *T-Raum* keine Einheiten angezeigt, müssen Sie zunächst deren Gruppierung aufheben.

Wie Sie sehen, wird die Bemaßung in Millimetern angezeigt. Wenn Sie diese auf die übliche Angabe in Meter ändern wollen, dann klicken Sie auf eine Bemessungslinie und wählen im Kontextmenü den Eintrag *Genauigkeit und Einheiten* aus.

Im folgenden Dialogfenster *Shape-Daten* legen Sie über das Listenfeld die gewünschte *Gesamtstellenzahl* fest und über das Listenfeld *Maßeinheiten* die *Meter*-Angabe.

Abb. 5.9: Die Anzeige ändern

Nach einem Klick auf *OK* können Sie die Veränderung sofort ausmachen.

Möchten Sie diese Darstellungsform für alle Linien einstellen, dann klicken Sie erneut auf die eben geänderte Linie und wählen im Kontextmenü den Eintrag *Als Zeichenblattstandard festlegen* aus.

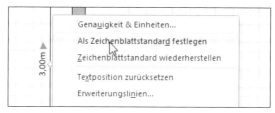

Abb. 5.10: Die Bemaßung für alle Bemaßungs-Shapes übernehmen

TIPP

Ist ein Bemaßungs-Shape im Wege, dann können Sie es einfach
mit der Maus verschieben.

Türen und Fenster

Um eine Tür oder ein Fenster einzusetzen, ziehen Sie das betreffende
Shape einfach auf die Wand, die damit versehen werden soll.

Sobald die QuickInfo *Kleben an Geometrie* erscheint, lassen Sie die
Maustaste los.

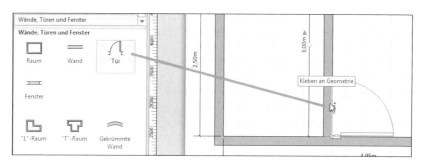

Abb. 5.11: Eine Tür einsetzen

Über den runden Anfasser können Sie die Tür drehen und somit die
Öffnungsrichtung festlegen.

Pläne und Grundrisse

Über den kleinen gelben rautenförmigen Anfasser legen Sie anschließend noch den gewünschten Aufschlagswinkel fest.

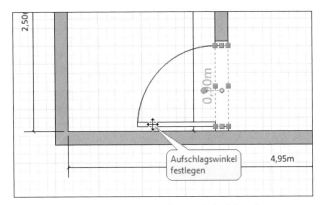

Abb. 5.12: Den Aufschlagswinkel festlegen

Ein *Fenster* fügen Sie ein, indem Sie das betreffende Shape auf die Wand ziehen.

Standardmäßig wird ein Fenster (wie auch eine Tür) mit einer Breite von 90 Zentimetern eingefügt, welches Sie nun durch Ziehen der Kontrollpunkte auf die gewünschte Größe bringen können.

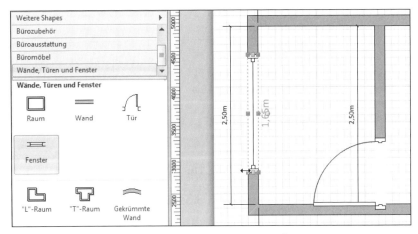

Abb. 5.13: Ein Fenster einfügen und anpassen

Möbel einfügen

Richtig spannend ist oft die Frage, ob die alten Möbel in einen neu-en Raum hineinpassen. Mit Visio können Sie gleich eine Stellprobe vornehmen.

Alles, was Sie dazu benötigen, finden Sie in den Aufgabebereichen *Büromöbel*, *Büroausstattung* und *Bürozubehör*.

Das Arbeiten damit entspricht dem üblichen Vorgehen. Einen Schreibtisch beispielsweise ziehen Sie einfach an den vorgesehenen Platz und nehmen über den Drehpunkt und die Kontrollpunkte die erforderlichen Anpassungen vor.

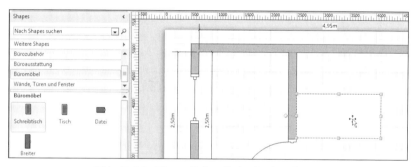

Abb. 5.14: Einen Schreibtisch platzieren

Auf diese Art und Weise können Sie nun das Büro vervollständigen.

Verschwindet dabei beispielsweise einmal ein Drucker unter einem Sideboard, etwa weil Sie dieses nachträglich eingefügt haben, müs-sen Sie die Reihenfolge ändern.

Dazu klicken Sie einfach auf das betreffende Shape und wählen im Kontextmenü die Menübefehlsfolge *In den Vordergrund / In den Vor-dergrund* aus.

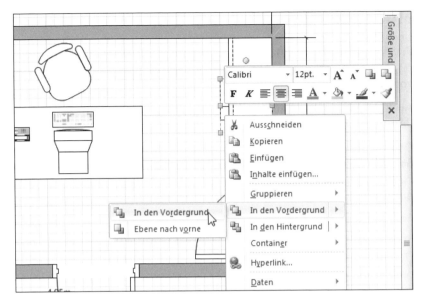

Abb. 5.15: Die Reihenfolge der Shapes ändern

Inventarbericht

Nachdem der Plan steht, bietet es sich an, gleich einmal Inventur zu machen, also alle vorhandenen Bestände zu erfassen.

Dazu erstellen Sie einen *Shape-Bericht*.

Mit einem Bericht können Sie schnell eine Übersicht über die in Ihrer Zeichnung verwendeten Shapes anlegen. Diese können Sie beispielsweise dafür verwenden, eine Inventarliste zu erstellen. Aktivieren Sie die Registerkarte *Überprüfen* und klicken Sie in der Gruppe *Berichte* auf die Schaltfläche *Shape-Berichte*.

Sie erhalten das Dialogfenster *Berichte*, das eine Reihe von fertigen Berichten aufweist.

Markieren Sie die betreffende Bezeichnung und entnehmen Sie in der darunterliegenden Beschreibung, wofür man den gewählten Bericht verwenden kann.

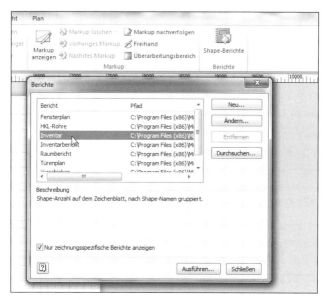

Abb. 5.16: Einen Bericht auswählen

TIPP

Wenn Sie auf die Schaltfläche *Neu* klicken, können Sie sich einen eigenen Bericht zusammenstellen und abspeichern. So lassen sich beispielsweise alle Computer oder alle Büromöbel erfassen und entsprechend beschriften.

Um fortzufahren, klicken Sie auf die Schaltfläche *Ausführen*.

Sie erhalten das Dialogfenster *Bericht erstellen,* in dem Sie auswählen können, in welchem Ausgabeformat der Bericht erscheinen soll.

Wie Sie der Liste entnehmen können, kann ein Bericht auch in einer eigenen HTML-, XML- oder Excel-Datei abgespeichert werden.

Soll er auf dem Zeichenblatt platziert werden, wählen Sie *Visio-Shape*.

Nach einem Klick auf OK macht sich Visio an die Arbeit und präsentiert Ihnen nach kurzer Zeit den fertigen Bericht auf dem Zeichenblatt.

Zeigen Sie mit der Maus darauf und verschieben Sie ihn mit gedrückter Maustaste an die gewünscht Stelle.

Abb. 5.17: Das Ausgabeformat wählen

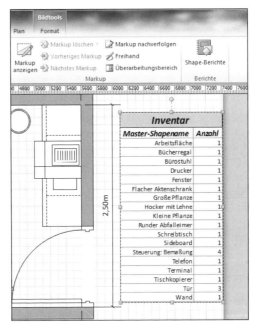

Abb. 5.18: Der fertige Bericht auf dem Zeichenblatt

Layer

Je komplexer eine Visio-Zeichnung wird und je mehr Objekte sie enthält, desto mehr werden Sie die Layer zu schätzen wissen. Bei diesen handelt es sich um Zeichnungsebenen, die man sich wie Folien auf einem Overheadprojektor vorstellen kann. Jede einzelne kann man aus- und einblenden und gegen Veränderungen schützen. Einige Vorlagen von Visio verfügen bereits über thematisch geordnete Layer mit zusammenhängenden Shapes darauf. Platzieren Sie in diesem Fall ein Shape, dann wird es automatisch auf den dazugehörigen Layer gelegt.

Sie können aber auch eigene Layer erstellen und auf diesen Shapes ablegen, um beispielsweise eine Alternative der Büromöblierung auszuprobieren.

Besitzt die Vorlage keine vordefinierten Layer, dann werden die Shapes beim Einfügen dem gerade aktiven Layer zugeordnet.

Vorhandene Layer

Die bereits einer Vorlage zugeordneten Layer können Sie dem Dialogfenster *Layereigenschaften* entnehmen. Sie erhalten dieses nach Aufruf der Schaltfläche *Layer* (Registerkarte *Start*, Gruppe *Bearbeiten*) und Auswahl des Listenmenüpunktes *Layereigenschaften*.

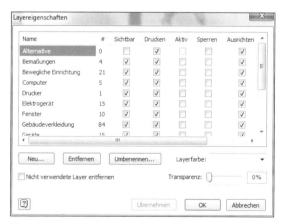

Abb. 5.19: Die in der Vorlage vorhandenen Layer

Die gegenwärtig sichtbaren Layer verfügen über ein aktiviertes Kontrollkästchen *Sichtbar*. Über das Kontrollkästchen *Sperren* können Sie diese gegen unbeabsichtigte Bearbeitungen schützen.

Um die Arbeitsweise zu verstehen, deaktivieren Sie einmal ein Kontrollkästchen, beispielsweise *Bemaßungen*.

Anschließend klicken Sie noch auf die Schaltfläche *Übernehmen*, um den Effekt sogleich im Hintergrund in der Zeichnung zu sehen.

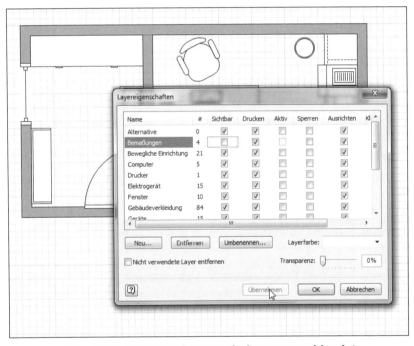

Abb. 5.20: Die Bemaßungen sind nun ausgeblendet

Wenn Sie einen Layer entfernen (nach Markieren und Betätigen der Schaltfläche *Entfernen*), werden alle Shapes, die sich darauf befinden, ebenfalls gelöscht.

Eigene Layer

Selbstverständlich können Sie auch eigene Layer erzeugen, um darauf bestimmte Shapes zu platzieren.

Klicken Sie dazu im Dialogfenster *Layereigenschaften* auf die Schaltfläche *Neu*.

Im folgenden Dialogfenster tragen Sie eine Bezeichnung in das Feld *Layername* ein und bestätigen mit *OK*.

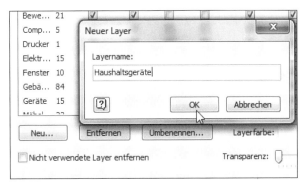

Abb. 5.21: Einen neuen Layer erstellen

Der neue Layer wird erstellt und gleich im Dialogfenster *Layereigenschaften* sichtbar angezeigt.

Fügen Sie nun beispielsweise ein Haushaltsgerät ein (den Arbeitsbereich fügen Sie über *Weitere Shapes / Pläne und Grundrisse / Bauplan* ein), dann können Sie es diesem neuen Layer zuweisen.

Belassen Sie das neue Shape (im Beispiel ein Geschirrspüler) markiert und rufen Sie über die Schaltfläche *Layer* den Menüeintrag *Layer zuweisen* auf (siehe Abbildung 5.22).

Im folgenden Dialogfenster *Layer* aktivieren Sie das Kontrollkästchen *Haushaltsgeräte* und deaktivieren gegebenenfalls die bereits vorgenommenen Zuweisungen zu anderen Layern (siehe Abbildung 5.23).

Mit einem Klick auf *OK* schließen Sie den Vorgang ab.

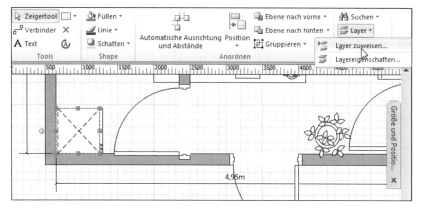

Abb. 5.22: Das Shape einem *Layer zuweisen*

Abb. 5.23: Zuweisen des gewünschten Layers

Wegbeschreibung

Auch im Zeitalter von Navigationssystemen und Bing Maps haben Wegbeschreibungen noch ihre Existenzberechtigung, weil Sie im Regelfall abstrakter sind.

Mit Visio können Sie eine solche Wegbeschreibung recht schnell erstellen.

Rufen Sie über *Datei / Neu* die Vorlagenübersicht auf und wählen Sie die Vorlagenkategorie *Pläne und Grundrisse*.

Hier finden Sie zwei Vorlagen zum Erstellen einer Wegbeschreibung.

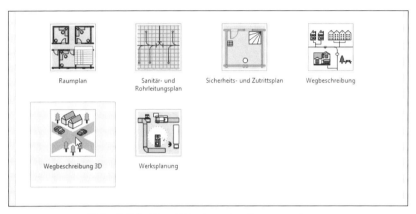

Abb. 5.24: Eine Wegbeschreibung anlegen

Die Vorlage *Wegbeschreibung* enthält Shapes für Transport und Massenverkehr, wie Autobahnen, Schnellstraßen, Kreuzungen, Straßenschilder, Buslinien, Eisenbahnschienen, Umsteigebahnhöfe, Flüsse und Gebäude.

Bei der Vorlage *Wegbeschreibung 3D* finden Sie verkehrsbezogene Shapes, wie Straßen, Fahrzeuge, Kreuzungen und markante Gebäude.

Nach der Auswahl klicken Sie auf die Schaltfläche *Erstellen*, um die Zeichnungsumgebung einzurichten.

Danach stehen Ihnen die entsprechenden Arbeitsbereiche zur Verfügung. Nun können Sie wie gewohnt die Shapes auf die Zeichenfläche ziehen, platzieren und entsprechend anordnen.

Straßen-Shapes

Zunächst sollten Sie das Straßengerüst mithilfe der *Straßen-Shapes* anlegen.

Wählen Sie beispielsweise das Shape *Rautenförmiges Autobahnkreuz* und ziehen Sie es auf die Zeichenfläche. Über den runden Drehpunkt können Sie es in die richtige Richtung bewegen.

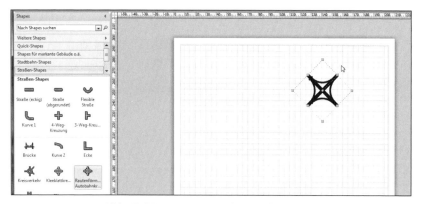

Abb. 5.25: Das erste Shape platzieren

Die weiteren Shapes ziehen Sie an die Verbindungspunkte heran und verkleben diese gleich.

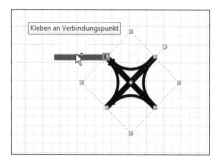

Abb. 5.26: Ein weiteres Shape verkleben

TIPP

Das Verkleben erfolgt passgenauer, wenn Sie dafür den Zoom vergrößern und mithilfe der Cursortasten nachkorrigieren.

Bei manchen Shapes verwenden Sie die rautenförmigen Verbindungspunkte. So können Sie beispielsweise bei einem Kreisverkehr darüber eine entsprechende Verbindungsstraße anlegen. Dazu zeigen Sie auf die gelbe Raute und ziehen diese mit gedrückter Maustaste auf den Klebepunkt der zu verbindenden Straße.

Abb. 5.27: Einen Kreisverkehr anbinden

Erstellen Sie so nach und nach den Anfahrtsweg.

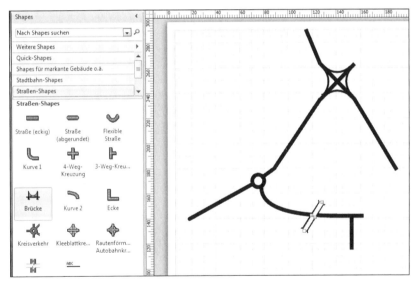

Abb. 5.28: Der fertige Straßenverlauf

Shapes für markante Gebäude

Oftmals ist es in einer fremden Stadt hilfreich, sich an markanten Gebäuden zu orientieren. Diese fügen Sie über den Aufgabenbereich *Shapes für markante Gebäude* hinzu.

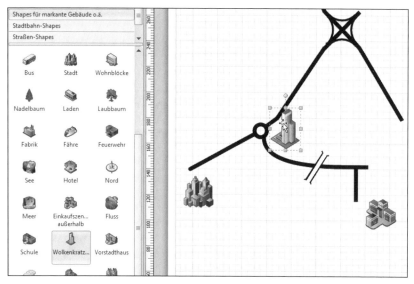

Abb. 5.29: Shapes für markante Gebäude einfügen

Verkehrs-Shapes

Hilfreich sind zudem Straßenschilder oder -beschriftungen.

Diese ergänzen Sie über den Aufgabenbereich *Verkehrs-Shapes*, den Sie allerdings zunächst über die Menübefehlsfolge *Weitere Shapes / Pläne und Grundrisse / Karte* einfügen müssen.

In dieser Liste finden Sie ein so hilfreiches Shape wie *Straßennummern*, welches Sie wie gewohnt platzieren und skalieren können.

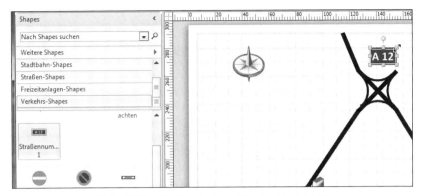

Abb. 5.30: Ein Verkehrs-Shape anpassen

Die vorgegebene Bezeichnung klicken Sie einfach doppelt an und überschreiben diese mit der gewünschten Beschriftung.

Abb. 5.31: Die Vorgabebezeichnung überschreiben

Die gleiche Arbeitsweise gilt auch für die Shapes, mit denen Sie eine Beschriftung vornehmen können.

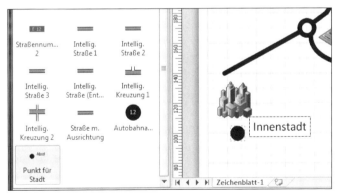

Abb. 5.32: Eine Beschriftung anbringen

Erläuternde Texte

Möchten Sie auf der Zeichnung erläuternde Texte anbringen, dann verwenden Sie am besten ein *Textfeld*.

Dieses fügen Sie über die gleichnamige Schaltfläche ein (Gruppe *Text* auf der Registerkarte *Einfügen*).

Klicken Sie auf die Schaltfläche und wählen Sie aus, ob Sie ein *Horizontales Textfeld* oder ein *Vertikales Textfeld* benötigen.

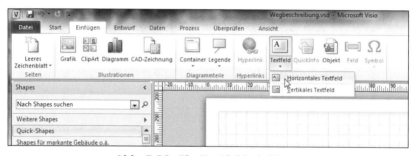

Abb. 5.33: Ein Textfeld einfügen

Mit dem veränderten Cursor ziehen Sie mit gedrückter Maustaste einen Rahmen auf, der dem aufzunehmenden Text entspricht.

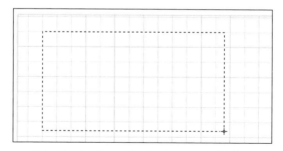

Abb. 5.34: Einen Textrahmen aufziehen

Anschließend geben Sie den Text ein und nehmen die Formatierung mithilfe der entsprechenden Schaltflächen der Gruppen *Schriftart* und *Absatz* auf der Registerkarte *Start* vor.

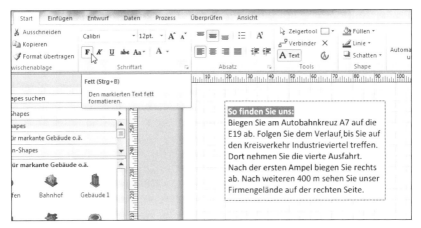

Abb. 5.35: Den Text gestalten

QuickInfos

Nicht jedes Shape ist allein durch seine grafische Gestaltung sofort erkennbar. Möchten Sie zusätzliche Informationen oder Erläuterungen geben, setzen Sie QuickInfos ein.

Diese werden einem Shape zugeordnet und erscheinen, sobald man mit dem Mauszeiger darüberfährt.

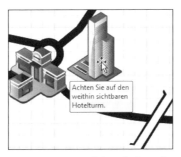

Abb. 5.36: Eine QuickInfo im Einsatz

Um eine solche QuickInfo zu erstellen, wechseln Sie in die Gruppe *Text* auf der Registerkarte *Einfügen* und klicken auf die Schaltfläche *QuickInfo*.

Im erscheinenden Dialogfenster *Shape-QuickInfo* tragen Sie den gewünschten Text ein und bestätigen mit *OK*.

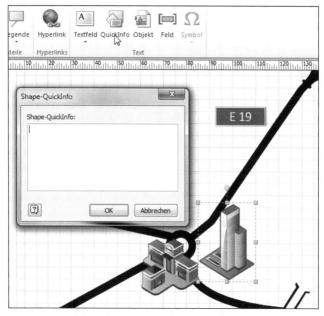

Abb. 5.37: Eine QuickInfo anlegen

Um eine so erstellte QuickInfo zu bearbeiten oder zu löschen, markieren Sie diese und rufen erneut die Schaltfläche *QuickInfo* auf. Anschließend nehmen Sie die Änderungen vor bzw. löschen den gesamten Text und schließen das Dialogfenster wieder mit *OK*.

Hintergründiges

Viele Zeichnungen kann man mit einem interessanten Hintergrund optisch ansprechender gestalten.

Rufen Sie dazu die Registerkarte *Entwurf* auf und wählen Sie dort aus der Liste der Schaltfläche *Hintergründe* einen Hintergrund aus.

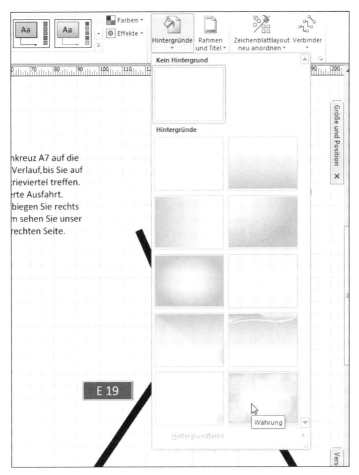

Abb. 5.38: Einen Hintergrund auswählen

Wünschen Sie lediglich eine *Hintergrundfarbe*, klicken Sie auf die Schaltfläche am Ende der Liste und wählen die gewünschte aus.

Visio fügt den Hintergrund auf einer eigenen Registerkarte ein, die Sie im Blattregister auswählen können. Auf diese Weise lässt sich der Hintergrund unabhängig vom Zeichenblatt bearbeiten.

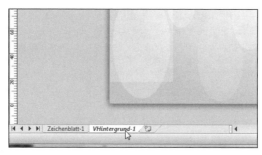

Abb. 5.39: Der Hintergrund befindet sich auf einer eigenen Registerkarte

Rahmen und Titel

Möchten Sie die Zeichnungen einheitlich beschriften, dann können Sie einen Rahmen mit Titel einfügen und diesen bearbeiten.

Nachdem Sie die Schaltfläche *Rahmen und Titel* in der Gruppe *Hintergründe* (Registerkarte *Entwurf*) angeklickt haben, wählen Sie einfach eine Vorgabe aus.

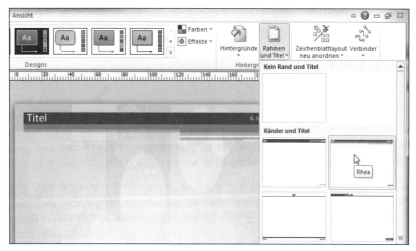

Abb. 5.40: Einen Rahmen mit Titel einfügen

Die neu eingefügten Elemente befinden sich auf der Registerkarte *VHintergrund* und können dort bearbeitet werden.

Nachdem Sie dorthin gewechselt sind, aktivieren Sie in der Registerkarte *Start* in der Gruppe *Tools* das Werkzeug *Text* und nehmen die Änderungen vor.

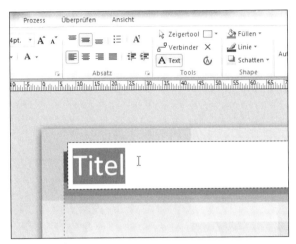

Abb. 5.41: Den Titel bearbeiten

Netzwerk: EDV im Büro

6

Ziele

⇨ Eine Netzwerkumgebung abbilden

Schritte zum Erfolg

⇨ Shapes der Vorlage *Netzwerk* einsetzen

⇨ Eine Netzwerktopografie entwerfen

⇨ Shapes anordnen und beschriften

Im Zeitalter des Internets nimmt die Vernetzung auch in kleineren Büros zu und es gilt, den Überblick zu bewahren.

Einsatzmöglichkeiten

Mit den Shapes der Vorlagen *Netzwerk* lassen sich vielfältige Netzwerktopografien abbilden. Auf diese Weise ist es möglich, auch komplexere Systeme zu planen und zu warten und dabei nicht den Überblick zu verlieren.

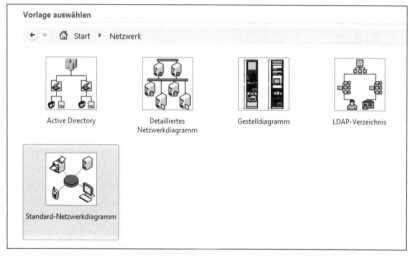

Abb. 6.1: Die *Netzwerk*-Vorlagen auf einen Blick

Standard-Netzwerkdiagramm

Mit der Vorlage *Standard-Netzwerkdiagramm* lassen sich die einzelnen Bestandteile eines Netzwerkes, deren Anordnung und die erforderlichen Verbindungen grafisch darstellen.

Nachdem Sie die Vorlage gewählt und mit einem Klick auf *Erstellen* bestätigt haben, stellt Ihnen Visio die passende Arbeitsumgebung bereit.

Zeichenfläche einrichten

Zunächst passen Sie die Zeichenfläche mithilfe der Schaltfläche *Ausrichtung* der Gruppe *Seite einrichten* (Registerkarte *Entwurf*) an die gestellte Aufgabe an.

Abb. 6.2: Die Zeichenfläche einrichten

TIPP

Wenn Sie auf den Gruppenpfeil dieser Gruppe klicken, können Sie weitere Einstellungen, wie beispielsweise die Druckanpassungen, den Zeichnungsmaßstab oder die Zeichenblatteigenschaften anpassen.

Hilfreich ist es für die optische Orientierung, wenn Sie Hilfslinien verwenden, denn so lassen sich die einzelnen Shapes besser anordnen.

Zeigen Sie dazu auf das Lineal und ziehen Sie mit gedrückter Maustaste die Hilfslinie an die gewünschte Stelle.

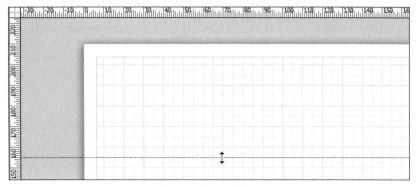

Abb. 6.3: Eine Hilfslinie anlegen

Shapes anordnen

Die eigentliche Zeichnung enthält eine Reihe von Shapes aus unterschiedlichen Arbeitsbereichen.

Computer und Monitore

Als Nächstes können Sie die *Computer und Monitore* aus dem gleichnamigen Arbeitsbereich ziehen und anordnen. Haben Sie wie empfohlen Hilfslinien angelegt, dann können Sie das Shape gleich durch *Kleben an der Führungslinie* anordnen.

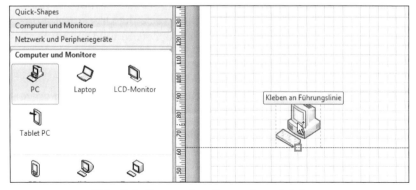

Abb. 6.4: Den ersten Computer platzieren

Den zweiten Computer können Sie zwar auch einfach auf die Zeichnungsfläche ziehen, Sie können Shapes aber auch duplizieren.

Belassen Sie den ersten Computer markiert und betätigen Sie die Tastenkombination Strg + D.

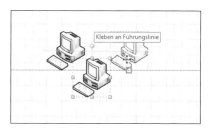

Zeigen Sie anschließend mit der Maus auf das Duplikat und ziehen Sie es an die gewünschte Stelle. Die Funktion *Kleben an Führungslinie* hilft Ihnen beim Ausrichten. Zudem wird eine dünne orange Linie eingeblendet, die Ihnen hilft, beide Objekte am Mittelpunkt auszurichten.

Abb. 6.5: Der duplizierte Computer

Netzwerk und Peripheriegeräte

Im Anschluss daran fügen Sie die erforderlichen *Netzwerk- und Peripheriegeräte* ein.

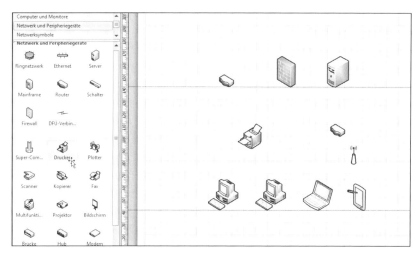

Abb. 6.6: Die *Netzwerk- und Peripheriegeräte* anordnen

Netzwerkorte

Die Wolke für das Internet finden Sie im Arbeitsbereich *Netzwerkorte*, den Sie über *Weitere Shapes / Netzwerk* aufrufen.

Shapes beschriften

Nachdem Sie die Wolke auf das Zeichenblatt gezogen haben, nehmen Sie gleich die Beschriftung vor.

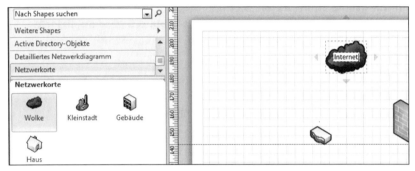

Abb. 6.7: Die Internet-Wolke anlegen

Klicken Sie danach doppelt auf die neue Beschriftung und nehmen Sie über die Miniformatleiste die Formatierung vor.

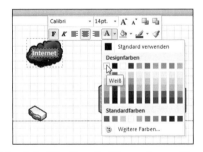

Abb. 6.8: Die Beschriftung formatieren

Die weiteren Shapes beschriften Sie auf die gleiche Art und Weise: Klicken Sie diese an und geben Sie die Bezeichnung ein.

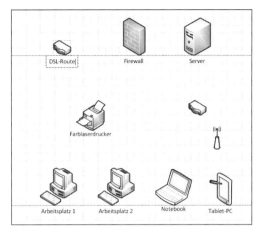

Abb. 6.9: Die Shapes beschriften

Die Formatierung nehmen Sie in einem Rutsch vor.

Markieren Sie zunächst alle Shapes, indem Sie einen Auswahlrahmen um diese ziehen oder einfach `Strg` + `A` betätigen.

Anschließend wählen Sie die Registerkarte *Start* aus und nehmen die Formatierungen mithilfe der Schaltflächen der Gruppe *Schriftart* vor.

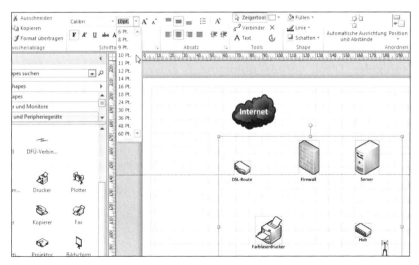

Abb. 6.10: Die Shapes auf einen Streich formatieren

Shapes verbinden

Die Shapes müssen als Nächstes miteinander verbunden werden.

Die Wolke enthält Kontrollpunkte, mit denen Sie eine Verbindung direkt herstellen können.

Zeigen Sie mit der Maus auf die Wolke. Die Kontrollpunkte werden in Form von kleinen gelben Rauten sichtbar.

Zeigen Sie auf eine Raute und ziehen Sie mit gedrückter Maustaste auf das zu verbindende Shape.

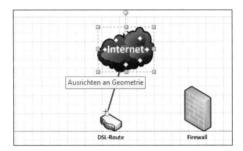

Abb. 6.11: Die Kontrollpunkte verwenden

Wenn das rote Quadrat erscheint, sind die Shapes durch Verkleben verbunden.

Die weiteren Verbindungen erstellen Sie mithilfe der dynamischen Verbinder. Diese suchen automatisch einen Verbindungsweg zwischen den Shapes und ermöglichen so die Verbindung auf rasche Weise.

Wählen Sie im Arbeitsbereich *Netzwerk und Peripheriegeräte* die Schaltfläche *Dynamischer Verbinder*.

Bewegen Sie den veränderten Mauszeiger auf das erste Shape.

Wenn das rote Quadrat erscheint, klicken Sie und halten die Maustaste gedrückt.

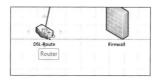

Abb. 6.12: Den dynamischen Verbinder einrasten lassen

Bewegen Sie nun den Mauszeiger zum nächsten Shape und suchen Sie das rote Quadrat (*Kleben an Verbindungspunkt*). Wenn es erscheint, klicken Sie einmal und schon sind die Shapes miteinander verklebt.

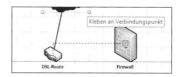

Abb. 6.13: Die Verbindung herstellen

Wenn Sie die Markierung entfernen, sehen Sie die Verbindungslinie.

Diese ist mit kleinen Quadraten besetzt, die dazu dienen, den Verlauf Ihren Wünschen anzupassen. Zeigen Sie auf eines der Quadrate und ziehen Sie den Punkt in eine Richtung. Die Linie wird entsprechend angepasst.

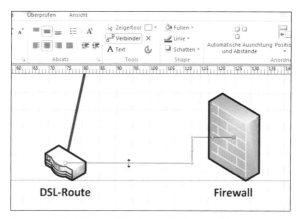

Abb. 6.14: Die Verbindungslinie nachbearbeiten

Netzwerk: EDV im Büro

Die Stärke der Linie können Sie nach Anklicken der Schaltfläche *Linie* (Gruppe *Shape*) über die Optionen des Menüs *Stärke* einstellen.

Verbinden Sie nun auf diese Weise alle Komponenten. Gegebenenfalls stellen Sie das ein oder andere Shape in den Vordergrund. Dazu klicken Sie es mit der rechten Maustaste an und rufen den Kontextmenüpunkt *In den Vordergrund* auf.

Abschließend markieren Sie noch die Hilfslinien und betätigen die Taste Entf, um sie zu löschen.

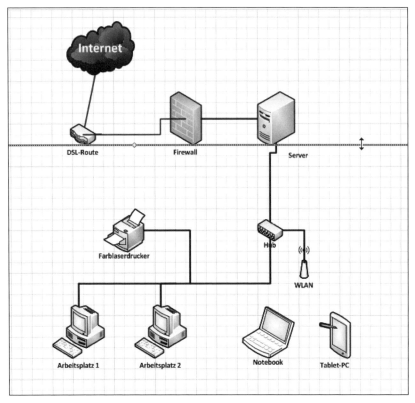

Abb. 6.15: Das fertige Netzwerkdiagramm

Geschäft: Organigramm und Termine

7

Ziele

⇨ Einen Organisationsplan grafisch darstellen

⇨ Einen Kalender anlegen und die Termine übersichtlicher gestalten

Schritte zum Erfolg

⇨ Ein Organigramm erstellen

⇨ Den Organigramm-Assistenten einsetzen

⇨ Einen Kalender anlegen und mit Terminen versehen

Im beruflichen Alltag werden Sie vornehmlich zwei Vorlagenkategorien mit Visio abdecken: *Geschäft* und *Terminplan*.

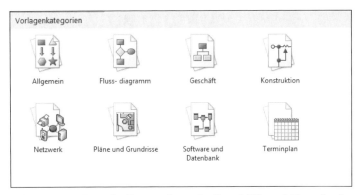

Abb. 7.1: Im Berufsalltag relevant: *Geschäft* und *Terminplan*

Einsatzmöglichkeiten

Die Vorlagenkategorie *Geschäft* haben Sie schon beim Erstellen eines Brainstorming-Diagramms kennengelernt. Hier finden Sie noch weitere Vorlagen, insbesondere auch die im Folgenden erläuterten zum Thema *Organigramm*.

Die Vorlagenkategorie *Terminplan* enthält Hilfen für die Erstellung von projektbezogenen Plänen wie ein *Gantt-* oder *PERT-Diagramm*, die *Zeitachse* und der weiter unten erläuterte *Kalender*.

Organigramm

Bei einem Organigramm handelt es sich um die grafische Darstellung eines Organisationsplans, aus dem die organisatorischen Einheiten sowie deren Aufgabenverteilung und Kommunikationsbeziehungen ersichtlich werden.

Wählen Sie die Registerkarte *Datei* aus und klicken Sie auf *Neu*.

Organigramm-Assistent

Um sich im Folgenden helfen zu lassen, klicken Sie im Vorlagenkatalog auf die Schaltfläche *Organigramm-Assistent*.

Mit einem weiteren Klick auf *Erstellen* beginnt dieser mit seiner Arbeit.

Im ersten Schritt legen Sie fest, woher die Daten kommen.

Befinden sich diese bereits in einer Datenbank und Sie möchten diese grafisch umsetzen, dann wählen Sie die Option *Informationen, die bereits in einer Datei oder Datenbank gespeichert sind*.

Da dies hier bislang nicht der Fall ist, belassen Sie die zweite Option *Mit dem Assistenten eingegebene Informationen* aktiviert.

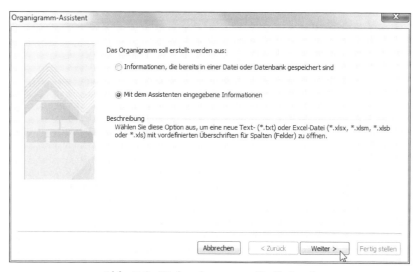

Abb. 7.2: Woher kommen die Daten?

Mit einem Klick auf *Weiter* gelangen Sie ins nächste Fenster.

Im folgenden Fenster vergeben Sie im Feld *Neuer Dateiname* den Namen für die Datenbank in die die Daten gespeichert werden sollen. Dabei steht Ihnen die Optionen *Excel* und *Text mit Trennzeichen*

---

zur Verfügung. Letztere ist sicher dann die Wahl, wenn Sie das Programm Excel nicht auf Ihrem Rechner haben.

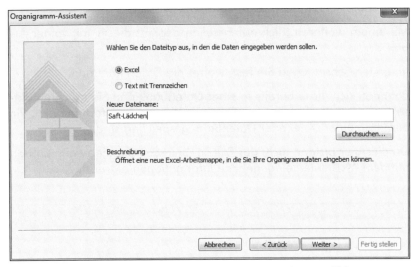

Abb. 7.3: Den Dateityp für die Datenbank auswählen

Klicken Sie auf *Weiter*.

Sie erhalten nun den Hinweis, wie Sie mit den Vorgabedaten zu verfahren haben.

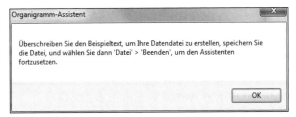

Abb. 7.4: Die Vorgabetexte einfach überschreiben

In diesem Fall wurde als Datentyp *Excel* gewählt, sodass Visio das Programm startet und Ihnen die Beispielsdatensätze anzeigt.

Überschreiben Sie diese nun mit Ihren Angaben.

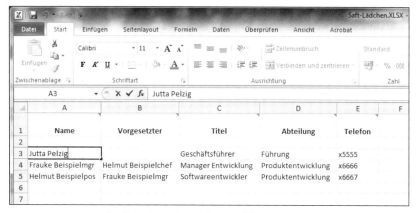

Abb. 7.5: Die Excel-Daten überschreiben

Sind Sie fertig, klicken Sie auf die Schaltfläche *Datei* und wählen den Menüpunkt *Beenden* aus.

Sie werden nun gefragt, ob die Änderungen an der Excel-Datei gespeichert werden sollen.

Da Sie die mühevolle Arbeit nicht umsonst gemacht haben wollen, antworten Sie hier mit einem Klick auf *Speichern*.

Der Hinweis verschwindet und Visio blendet den nächsten Schritt des Organigramm-Assistenten ein.

Dessen Inhalt wird Sie vielleicht verwundern. Er weist Sie jedoch nur darauf hin, dass all zu viel Fleiß Probleme bereiten kann. Wenn Sie nämlich zu viele Mitarbeiter in Ihr Organigramm aufnehmen wollen, kann es vorkommen, dass diese nicht mehr vernünftig auf einem Blatt angeordnet werden können.

Sie haben dann die Wahl, ob Sie Visio die Anordnung überlassen oder ob Sie selbst festlegen wollen, wie die Daten verteilt werden (siehe Abbildung 7.6).

In diesem Beispielfall sollte der Platz ausreichen, sodass es bei der Vorgabe bleibt.

Da das schon alle Angaben waren, klicken Sie auf *Fertig stellen*, um das Organigramm kreieren zu lassen.

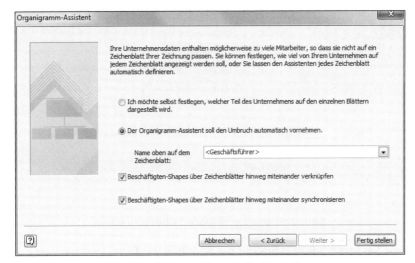

Abb. 7.6: Achten Sie auf die Verteilung

Augenblicklich wird Ihnen das auf Ihren Angaben basierende Organigramm nebst passendem Aufgabenbereich und Registerkarte *Organigramm* angezeigt.

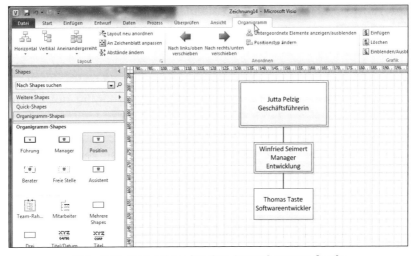

Abb. 7.7: Und schon ist das Organigramm fertig

Organigramm anpassen

So schnell das Organigramm erstellt ist, so schnell kommt vielleicht der Wunsch auf, es an die neuen Gegebenheiten anzupassen.

Hierzu verwenden Sie die Shapes des Aufgabenbereichs *Organigramm-Shapes* und die Optionen der Registerkarte *Organigramm*.

Möchten Sie beispielsweise einen weiteren Mitarbeiter einfügen, dann zeigen Sie auf das Shape *Position* und ziehen es mit gedrückter Maustaste auf das Shape, dem Sie es zuordnen wollen.

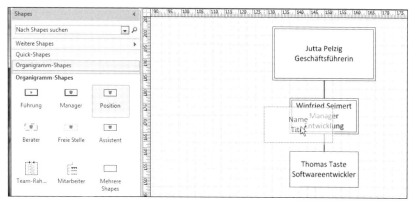

Abb. 7.8: Einen weiteren Mitarbeiter einfügen

Dort angekommen, lassen Sie die Maus los und schon wird das neue Shape entsprechend angeordnet.

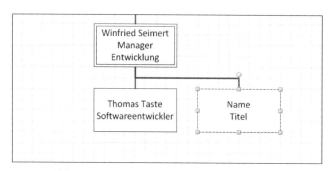

Abb. 7.9: Der neu eingefügte Mitarbeiter

Solange das Shape noch markiert ist, können Sie gleich den Namen des neuen Mitarbeiters und dessen Aufgabenbereich eingeben.

Verfahren Sie auf diese Art und Weise mit allen weiteren Positionen, die Sie einfügen wollen.

Die optische Anordnung der einzelnen Elemente können Sie über die entsprechende Schaltfläche der Gruppe *Layout* (Registerkarte *Organigramm*) anpassen.

Dazu markieren Sie die übergeordnete Position und wählen über die Schaltfläche *Horizontal, Vertikal* oder *Aneinandergereiht* das gewünschte Aussehen.

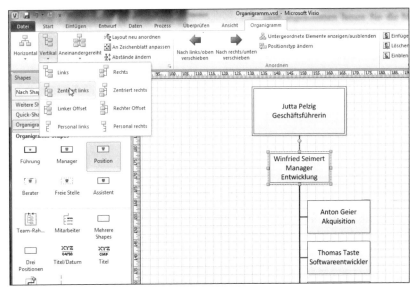

Abb. 7.10: Das Layout ändern

Platzprobleme können Sie beheben, wenn Sie die Schaltfläche *Abstände ändern* wählen. Dann stehen Ihnen ein paar Optionen zur Verfügung, um das ein oder andere Shape noch mit auf das Blatt zu bekommen.

Möchten Sie die Position eines Shapes ändern, dann klicken Sie für die entsprechende Richtung auf die Schaltfläche *Nach links/oben verschieben* oder *Nach rechts/unten verschieben*.

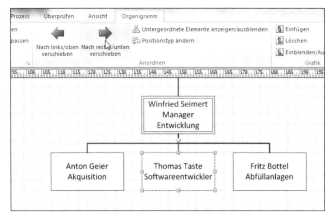

Abb. 7.11: Die Position ändern

Der Übersichtlichkeit dienlich ist es, wenn Sie untergeordnete Positionen ausblenden.

Dazu müssen Sie lediglich die übergeordnete Position markieren und dann auf die Schaltfläche *Untergeordnete Elemente anzeigen/ausblenden* klicken.

Als optische Kontrolle, dass diese Elemente dann im Moment nicht sichtbar sind, werden Sie versetzt angeordnet dargestellt.

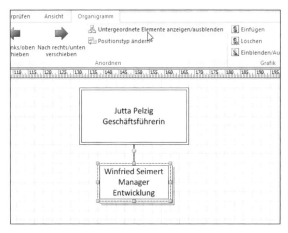

Abb. 7.12: Hier sind ein paar Elemente ausgeblendet

Geschäft: Organigramm und Termine **161**

Die Zusammengehörigkeit einzelner Mitarbeiter zu einem Projekt können Sie mithilfe des Team-Rahmens darstellen.

Dazu ziehen Sie das Shape auf die Zeichenfläche und setzen den Rahmen mithilfe der Kontrollpunkte um die Teammitglieder.

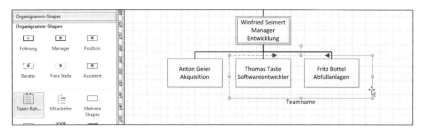

Abb. 7.13: Ein Team bilden

Abschließend klicken Sie noch auf die Vorgabe *Teamname* und überschreiben diese mit der gewünschten Bezeichnung.

Ab und an verändern Menschen ihre berufliche Position und dann wird eine Anpassung des Organigramms notwendig.

In diesem Fall markieren Sie das Shape des betroffenen Mitarbeiters und klicken auf die Schaltfläche *Positionstyp ändern*.

Im folgenden Dialogfenster wählen Sie die neue Positionsart aus.

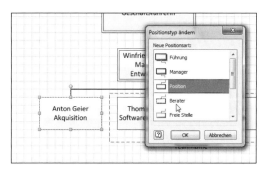

Abb. 7.14: Den *Positionstyp ändern*

Mit einem Klick auf *OK* ist dann das Organigramm wieder auf dem neuesten Stand.

Abschließend können Sie das Organigramm mit einem Titel versehen, sodass man sofort sieht, um was es hier geht.

Ziehen Sie das Shape *Titel* auf die Zeichenfläche, ändern Sie die Bezeichnung und nehmen Sie gegebenenfalls die gewünschten Formatierungen vor.

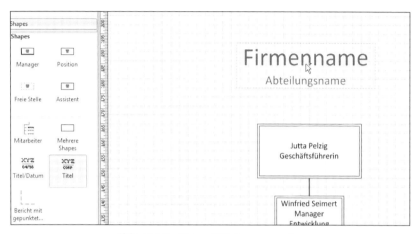

Abb. 7.15: Einen *Titel* verwenden

Termine

Termine, Termine, wer kennt nicht das Problem, diese auf die Reihe zu bekommen?

Mit Visio können Sie Ihre Termine übersichtlich gestalten und das Risiko eines Vergessens verringern.

Kalender selbst erstellen

Wählen Sie die Registerkarte *Datei* aus, klicken Sie dann auf *Menü* und im Vorlagenkatalog auf *Termin* und wählen Sie schließlich die Vorlage *Termin* aus.

Nachdem Sie auf die Schaltfläche *Erstellen* geklickt haben, erhalten Sie die für die Kalendererstellung erforderlichen *Kalender-Shapes* präsentiert.

Zunächst müssen Sie sich entscheiden, ob Sie einen *Monat*, eine *Woche*, *Mehrere Wochen*, einen *Tag* oder ein *Jahr* erstellen wollen.

Ziehen Sie dieses Shape, im Beispiel *Woche*, auf das Zeichenblatt.

Wenn Sie die Maustaste loslassen, erscheint sofort das Dialogfenster *Konfigurieren*.

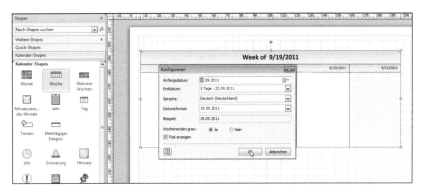

Abb. 7.16: Das Shape auf die Zeichenfläche ziehen

In diesem Dialogfenster können Sie die einzelnen Parameter des Kalenders festlegen.

Klicken Sie auf den Listenpfeil des Feldes *Anfangsdatum*, um dieses einzustellen.

Es wird nun eine Miniatur des aktuellen Monats eingeblendet, über die Sie den betreffenden Tag suchen können. Dazu klicken Sie einfach auf das Datum. Ist es nicht sichtbar, dann bewegen Sie sich mit den Pfeilen neben der Monatsbezeichnung dorthin (siehe Abbildung 7.17).

Danach entscheiden Sie sich, im Feld *Enddatum*, ob Sie eine 5-Tage- oder eine 7-Tage-Woche oder einen anderen Zeitraum wünschen.

Mit *OK* schließen Sie die Arbeiten ab.

Abb. 7.17: Das *Anfangsdatum* einstellen

Den fertigen Kalender können Sie nun über die Kontrollpunkte noch auf die gewünschte Größe trimmen.

Abb. 7.18: Der Kalender zum gegenwärtigen Zeitpunkt

TIPP

Möchten Sie die Zeitspanne zu einem späteren Zeitpunkt ändern, dann klicken Sie in der Registerkarte *Plan* auf die Schaltfläche *Konfigurieren*.

Danach können Sie die einzelnen Elemente des Kalenders formatieren. Diese müssen Sie lediglich anklicken und dann die Formatierungen über die Optionen der Gruppe *Shape* vornehmen.

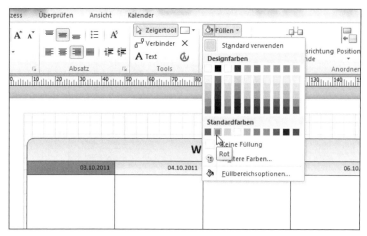

Abb. 7.19: Den Feiertag herausstellen

Anschließend können Sie die besondere Stellung des Tags noch durch ein Shape herausstellen. Dazu suchen Sie einfach ein passendes Shape aus den *Kalender-Shapes* aus und ziehen es in das Feld unterhalb des Datums.

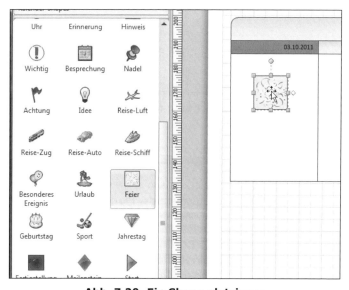

Abb. 7.20: Ein Shape platzieren

Solange das Shape noch markiert ist, können Sie es auch gleich beschriften.

Ist die Beschriftung zu lang, dann können Sie diese mithilfe des kleinen gelben Anfassers bei gedrückter Maustaste verschieben.

Abb. 7.21: Die Beschriftung verschieben

Um einen Termin festzulegen, ziehen Sie das Shape *Termin* in die betreffende Datumsspalte.

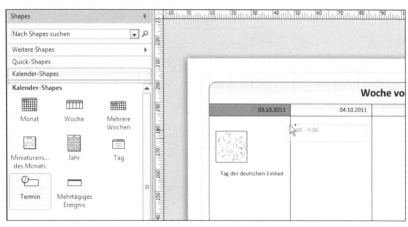

Abb. 7.22: Einen *Termin* festlegen

Dort angekommen, lassen Sie die Maus los und legen nun die Einzelheiten des Termins im Dialogfenster *Konfigurieren* fest.

Hier können Sie neben der *Startzeit* auch die *Endzeit* bestimmen. In die Felder *Thema* und *Ort* tragen Sie entsprechende Anmerkungen ein.

Abb. 7.23: Details eines Termins bestimmen

Mit *OK* wird der Termin übernommen und anschließend in der Datumsspalte angezeigt.

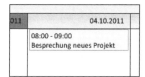

Abb. 7.24: Ein neuer Termin

Haben Sie sich für das Shape *Mehrtägiges Ereignis* entschieden, dann wird dieses über die betreffenden Tage gestreckt.

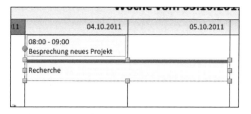

Abb. 7.25: Ein mehrtägiges Ereignis

Übernahme aus Outlook

Führen Sie Ihre Termine in Outlook, können Sie rasch von diesen einen Terminkalender erstellen.

Abb. 7.26: Eine volle Terminwoche in Outlook

Aktivieren Sie zunächst die Registerkarte *Plan*.

Dort finden Sie die Schaltfläche *Outlook-Daten importieren*.

Führen Sie einen Klick darauf aus und Sie gelangen in das erste Fenster des *Assistenten zum Importieren von Outlook-Dateien*.

Belassen Sie es bei der Option *Neuer Visio-Kalender* und klicken Sie auf *Weiter*.

Abb. 7.27: Einen neuen Visio-Kalender erstellen

Im folgenden Fenster stellen Sie über die Drehfelder am rechten Rand den Zeitraum ein, aus dem ein Kalender erstellt werden soll.

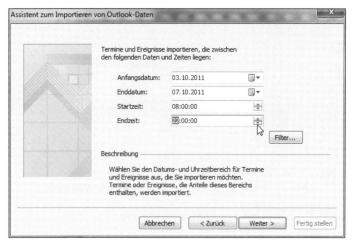

Abb. 7.28: Den Zeitraum für den Kalender einstellen

> **TIPP** ⚠
>
> Wenn Sie auf die Schaltfläche *Filter* klicken, können Sie im folgenden Dialogfenster die Übernahme auf bestimmte Termine beschränken.

Nach einem erneuten Klick auf *Weiter* gelangen Sie in das Konfigurationsfenster. In diesem legen Sie den *Kalendertyp* fest und gegebenenfalls den Tag, mit dem die Woche beginnt.

Da die Wochenenden oft einen besonderen Status haben, können Sie über die Optionen am Ende eine Graufärbung derselben einstellen (siehe Abbildung 7.29).

Nach dem nächsten Klick auf *Weiter* erhalten Sie ein Fenster, in dem Ihnen die bisherigen Einstellungen zusammengefasst präsentiert werden.

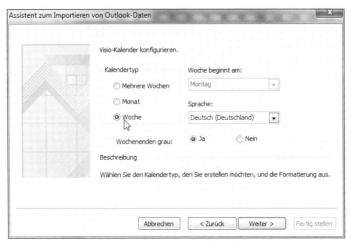

Abb. 7.29: Den Kalender konfigurieren

Sind Sie zufrieden, klicken Sie auf *Fertig stellen*, damit das Programm seine Aufgabe ausführen kann. Und schon liegt der Kalender vor Ihnen und kann nun noch mithilfe der *Kalender-Shapes* ausgeschmückt werden.

Abb. 7.30: Die aus Outlook übernommen Daten bilden einen Kalender

8 Export: Visio-Zeichnungen vielfältig nutzen

Ziele

⇨ Visio-Zeichnungen in anderen Anwendungen nutzen

⇨ Visio-Zeichnungen anderen präsentieren

⇨ Mit Vorlagen den Arbeitsaufwand verringern

⇨ Zeichnungen zu Papier bringen

⇨ Zeichnungen auch auf anderen Plattformen lesbar machen

Schritte zum Erfolg

⇨ Visio-Zeichnungen in andere Dateiformate exportieren

⇨ Präsentation einer Zeichnung auf dem Bildschirm

⇨ Eine Vorlage erstellen

⇨ Ausdrucke in der Seitenansicht kontrollieren und auf einem Drucker ausgeben

⇨ Aus Zeichnungen eine PDF-Datei erstellen

Die mit Visio erstellten Dateien können Sie auf vielfältige Art und Weise nutzen. Sie können die Daten in andere Anwendungen einfügen und sie dort nutzen, Sie können Visio-Zeichnungen präsentieren, auf Papier bringen oder als PDF verteilen.

Visio-Zeichnungen exportieren

Visio-Zeichnungen können Sie in unterschiedlichen Formaten abspeichern und so für die Verwendung in anderen Programmen nutzbar machen. Dazu müssen Sie lediglich die Zeichnung in einem Dateiformat speichern, das die betreffende Anwendung lesen kann.

Speichern als Datei

In einem solchen Fall klicken Sie zunächst auf die Registerkarte *Datei* und wählen den Menüeintrag *Speichern und Senden* aus.

Im Bereich *Zeichnung speichern* finden Sie nun alle optionalen Dateitypen aufgelistet. Hierbei werden Sie sicherlich häufig auf die *Grafikdateitypen* zurückgreifen, da sehr viele Anwendungsprogramme Grafiken importieren können.

Abb. 8.1: Die optionalen Dateitypen auf einen Blick

Wählen Sie den gewünschten Dateityp aus und bestätigen Sie mit *Speichern unter*.

Im folgenden Dialogfenster stellen Sie den *Speicherort* ein und ändern gegebenenfalls den *Dateinamen*, wenn er einen anderen als den der Visio-Datei erhalten soll.

Nachdem Sie auf *Speichern* geklickt haben, kann je nach gewähltem Format noch ein weiteres Dialogfenster erscheinen, in dem Sie zusätzliche Angaben zu dem gewählten Format vornehmen können.

So können Sie beispielsweise bei einer JPG-Grafik die *Qualität*, die *Auflösung*, die *Größe* und vieles mehr festlegen.

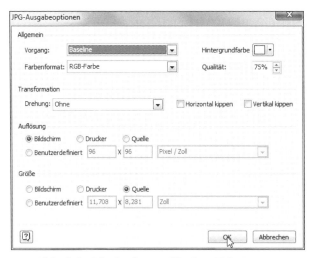

Abb. 8.2: Die Optionen für das JPG-Format

Ein Klick auf *OK* schließt dann den Vorgang ab und Sie verfügen über die entsprechende Datei an ihrem Speicherort.

Speichern als Webseite

Im Zeitalter des Internets ist das Abspeichern als Webseite eine oft interessante Variante, da fast alle Computer über Browser verfügen.

In diesem Fall wählen Sie im Bereich *Zeichnung speichern* unter *Andere Dateitypen* den Eintrag *Webseite (*.htm)*.

Abb. 8.3: Als Webseite abspeichern

Visio wandelt die Zeichnung sofort um und präsentiert Ihnen das Ergebnis gleich in Ihrem installierten Browser.

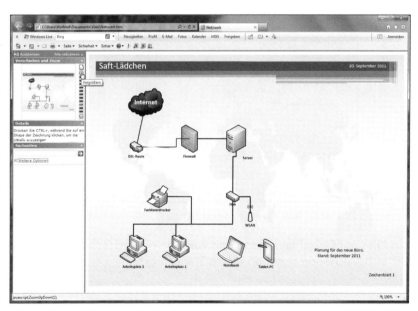

Abb. 8.4: Die Visio-Zeichnung im Webbrowser

Auf der linken Seite erhalten Sie einen Navigationsbereich, der Ihnen unter anderem die Möglichkeit bietet, die Zeichnung zu vergrößern oder zu verkleinern. Zudem können Sie weitere *Details* einblenden.

Im Bereich *Suchseiten* können Sie direkt nach einem bestimmten Shape suchen.

Am oberen Rand finden Sie zudem Schaltflächen, um die Bereiche zu reduzieren oder den kompletten Navigationsbereich auf der linken Seite auszublenden.

Präsentation

Sie müssen einen Vortrag halten und möchten Ihre Zeichnungen direkt am Bildschirm – ohne Anzeige von Menüs oder Ähnlichem – anzeigen lassen? Das ist kein Problem.

Sie müssen lediglich die betreffende Zeichnung öffnen und gegebenenfalls zu dem Zeichenblatt wechseln, das Sie präsentieren wollen. Dann klicken Sie einfach in der Gruppe *Ansichten* (Registerkarte *Ansicht*) auf die Schaltfläche *Ganzer Bildschirm*.

Abb. 8.5: Das Dokument im Vollbildmodus zeigen

TIPP

Recht unauffällig schalten Sie in den Vollbildmodus durch Betätigen der Taste [F5].

Visio zeigt sofort das Zeichenblatt ohne Anwendungsfenster und ohne Taskleiste.

Falls Sie sich ein bisschen mit PowerPoint auskennen, werden Sie sehen, dass diese Ansicht so ähnlich funktioniert.

Sie können nun – anstatt das sichtbare Kontextmenü zu benutzen – das nächste Zeichenblatt durch Betätigen der Taste [N] einblenden und falls Sie zurück möchten, gelingt das durch Betätigen von [P].

Die Präsentation beenden Sie einfach durch Drücken der [Esc]-Taste.

Vorlagen

Wie Sie sicherlich im Verlauf des Buches bemerkt haben, erfordert das Erstellen einer Zeichnung eine Reihe von Schritten und Einstellungen. Müssen Sie öfter eine ähnliche Zeichnung erstellen, dann bietet es sich an, eine Vorlage zu erstellen, die diese Informationen enthält und Ausgangsstadium für neue Zeichnungen ist.

Nehmen Sie in einer neuen Zeichnung zunächst die elementaren Einstellungen wie Seitenausrichtung, Hintergründe oder Designs und Einblenden der benötigten Shape-Arbeitsbereiche vor.

Dann rufen Sie über die Schaltfläche *Datei* den Menüpunkt *Speichern und Senden* auf. Dort wählen Sie unter *Dateityp* die Schaltfläche *Dateityp ändern* aus. Im Bereich *Zeichnung speichern* finden Sie nun unter *Zeichnungsdateitypen* die Schaltfläche *Vorlage (*.vst)*.

Abb. 8.6: Als *Vorlage* abspeichern

Wählen Sie diese aus und klicken Sie auf die Schaltfläche *Speichern unter*. Im folgenden Dialogfenster vergeben Sie noch einen aussagekräftigen Namen und legen die Vorlage mit einem Klick auf *Speichern* an.

Drucken

Ab und an werden Sie die ein oder andere Zeichnung an Dritte weitergeben und dementsprechend ausdrucken wollen.

Seitenansicht

Bevor es an den eigentlichen Ausdruck geht, ist eine Kontrolle in der Seitenansicht ratsam. In dieser wird Ihnen nämlich eine Vorschau des auszudruckenden Dokuments angezeigt, wie es später auf Papier erscheint.

Um in die Seitenansicht zu gelangen, klicken Sie auf die Schaltfläche *Datei* und wählen den Menüpunkt *Drucken* an. Im Bereich *Drucken* finden Sie die Schaltfläche *Seitenansicht*, mit der Sie in diese gelangen.

Dort angekommen, finden Sie in der Gruppe *Vorschau* der Registerkarte *Seitenansicht* einige Schaltflächen, mit denen Sie die Vorschau gestalten und zwischen den Druckseiten wechseln können.

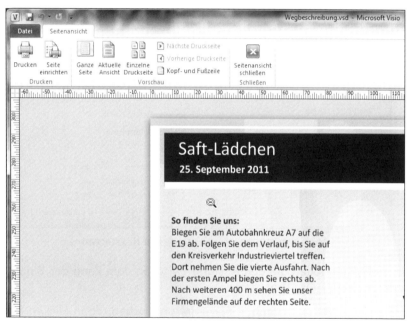

Abb. 8.7: Eine Zeichnung in der *Seitenansicht*

Mit einem Klick auf die Schaltfläche *Seitenansicht schließen* verlassen Sie diese wieder.

Kopf- und Fußzeilen

Bestimmte wiederkehrende Informationen werden im Regelfall im Seitenrand gedruckt, sodass sie sich von der eigentlichen Zeichnung abheben.

Um in die Kopf- bzw. Fußzeile einer Zeichnung zu gelangen, klicken Sie in der *Seitenansicht* auf die Schaltfläche *Kopf- und Fußzeile* (Gruppe *Vorschau*).

Sie erhalten das gleichnamige Dialogfenster, in dem Sie nun die entsprechenden Angaben machen können. Dazu klicken Sie entweder auf den kleinen Pfeil hinter dem jeweiligen Feld und wählen den Eintrag aus oder Sie geben ihn direkt von Hand ein.

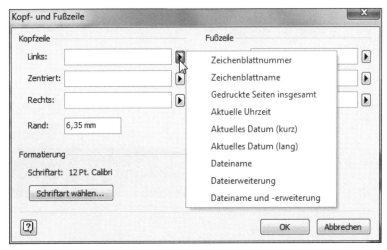

Abb. 8.8: Die *Kopf- und Fußzeile* bestücken

Im Feld *Rand* legen Sie den Abstand zwischen dem Rand des Blattes und der Zeichnung fest.

Möchten Sie eine bestimmte Formatierung haben, dann klicken Sie auf die Schaltfläche *Schriftart wählen* und nehmen dort die Einstellungen vor.

Mit *OK* übernehmen Sie die Eingaben.

Ausdruck

Wie Sie sehen, können Sie in der Seitenansicht mithilfe der Schaltfläche *Drucken* auch gleich den Druck starten.

Sie erhalten das Dialogfenster *Drucken*, in dem Sie Einstellungen für den Ausdruck vornehmen.

 TIPP

In dieses Dialogfenster gelangen Sie auch durch Betätigen der Schaltfläche *Drucken* im Menü *Drucken*, das Sie nach Aufruf der Schaltfläche *Datei* erhalten.

Abb. 8.9: Das Dialogfenster *Drucken*

In diesem Dialogfenster stellen Sie zunächst unter *Name* den von Ihnen bevorzugten Drucker ein und können dann im Bereich *Seitenbereich* konkret bestimmen, was gedruckt wird. Interessant ist hier die Option *Aktuelle Ansicht*, da Sie auf diese Weise bei einer größeren

Zeichnung einen Bildschirmausschnitt festlegen und dann ausdrucken können.

Mit OK schicken Sie den Auftrag dann zum Drucker, der nun seine Arbeit verrichtet.

PDF

Heutzutage wird nicht mehr so viel ausgedruckt, sondern es werden sogenannte PDF-Dateien erstellt. Das liegt auch nahe, denn jeder, der schon einmal eine Computerdatei an einen anderen weitergegeben hat, kennt das Problem, dass dieser sie nicht öffnen konnte. Hier können PDF-Dateien weiterhelfen. Die Abkürzung steht für „Portable Document Format" und bietet den immensen Vorteil, dass alle Informationen zu Schriftarten, Grafiken und Druck in hoher Auflösung in dieser Datei enthalten sind und man lediglich das kostenlose Programm Adobe Reader zur Darstellung benötigt.

Um eine solche Datei zu erstellen, begeben Sie sich wieder in das Menü *Datei* und wählen dort den Menüpunkt *Speichern und Senden* aus. Hier finden Sie die Schaltfläche *PDF/XPS-Dokument erstellen*, die Sie auswählen. Dadurch erscheint auf der rechten Seite eine Erläuterung nebst einer weiteren Schaltfläche, die für den eigentlichen Start verantwortlich ist.

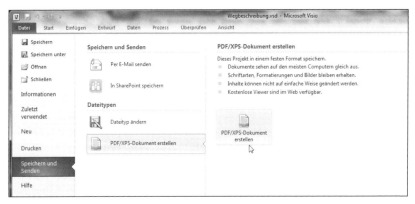

Abb. 8.10: Ein PDF-Dokument drucken

Klicken Sie darauf und wählen Sie im folgenden Dialogfenster den Speicherort der neuen PDF-Datei aus. Anschließend klicken Sie noch auf die Schaltfläche *Veröffentlichen* und die fertige PDF-Datei liegt in dem angegebenen Ordner. Einfacher geht es nicht. Oder?

Index

Bleiben Sie in Kontakt.

www.mitp.de

Hier finden Sie alle unsere Bücher, kostenlose Leseproben und ergänzendes Material zum Download.

Auf Twitter und Facebook erfahren Sie Neues aus dem Verlag und zu unseren Produkten.

Folgen Sie uns auf:

www.twitter.com/mitp_verlag

Finden Sie uns auf Facebook:

www.facebook.com/mitp.verlag